礼法制度
——中国古人留给后世管理者的智慧馈赠（代序）

　　我们的老祖宗很早就认识到，人心和人事是最复杂的，他们说"人心惟危"。所以中国文化很早就聚焦于人心、人性及其教化，聚焦于社会伦理秩序及其规范，形成了一套非常高明的礼法并举的管理模式。其中很多智慧今天依然能给我们以深刻启示。

　　为此，我在央视录播了系列节目《礼法印记》。从西周建立礼法制度，到春秋战国礼法分立，再到西汉礼法再合，我用历史故事串讲了中国礼法制度的起源和形成，揭示和分享古人高妙的管理智慧，帮助大家了解中国传统的治理体系和治理方法，进而理解其内在的合理性。礼法制度经历了近千年的历史沉淀，经过一代代思想家、政治家们的深入思考与选择，是一种有着深厚的历史和哲学根基的管理制度，它使得中国社会形成了一种长期稳定的社会状态，成就了人类唯一的一脉从古代走向现代的未曾断裂的文明，成就了"中华"这个"老字号"。

今天一提到管理，浮现在很多人脑海里的都是西方现代管理模式和制度。殊不知，我们很早就探索形成了这样一套非常高明、行之有效的礼法制度。

我有个企业家朋友遇到了一个管理难题：他的企业发展很快，规模和业务迅速扩张，一批当年跟着他从作坊打拼出来的老员工却成了他的心病。他们跟不上新的管理理念和方法，但是他们有资历，有的还在重要的岗位上，已经影响到企业的发展。这些老哥们干得很累，有活力的年轻人却又得不到施展的机会。我朋友想劝退老哥们，换年轻人上位，可是感情关过不去，也怕影响企业的形象和人心。

我朋友为此越来越心焦，就来问我有没有办法。我说有啊，中国古代就有，就是采取礼法并举的管理模式。我问他，你想想看，历史上每一个王朝是怎么安排功臣的？除了几个极端的杀功臣的例子，大多数是怎么做的？封王封侯啊！确保待遇，让位放权，国家开科举另选人才管理。柔性处理，不激化矛盾，这样对功臣、对国家都好。我让他回去就给那些老员工每人做一套特别的服装，并且告诉全公司的人，凡是看到穿这种衣服的人都必须毕恭毕敬，他们是公司的元老；再请这帮老哥们开个会，把公司发展情况跟大家谈一谈，跟大家说清楚，目前事业发展需要懂得现代管理的年轻人上手。这个道理讲清了，就把这些元老们安排到一些相对轻松、权小责小的荣誉岗位上，请他们做个参谋或督导啥的，待遇不变——你要愿意的话还可以再提高一点。要是觉得我讲的有道理，你就回去试一试。

朋友回去一试，皆大欢喜。

我讲这个故事是想告诉大家：老祖宗留下的智慧咱们不能丢，完全可以焕发出新的活力。礼法并举这套管理模式，支撑了"中华"这个"老字号"发展了数千年。世上再没有第二家历经如此长久辉煌和磨难的考验，能够走向复兴的文明。这套管理模式中蕴含着丰富的智慧，值得我们继承和弘扬。但愿大家能从本书讲述的历史故事和古人的深思熟虑中得到启示。

聊以代序。让我们在故事中与古人的智慧相遇。

陈　鹜

2024 年 12 月 20 日

目 录

第一章

牧野之战

毋庸讳言，文明脱胎于野蛮。人类文明的历史无不书写在鲜血铺展的背景之上，中华文明也不例外。

翻开中国的历史，公元前 1046 年春天的那个甲子日的清晨是那样的特别。中华文明似乎就在那一年那一天的那一刻，懵懂中被一通隆隆的战鼓声敲醒了。

那一天，中华大地上发生了一场惊心动魄的大决战——牧野之战。这场战斗只进行了不到一天的时间，却影响了中国历史发展的进程和中华文明的走向。

那么，牧野之战是怎么发生的？它又如何影响了中国历史和文明的走向呢？

一、血流漂杵

公元前 1046 年，经过几代人战略性累世经营，一个蓄势已久的西部邦国周终于捕捉到一次难得的战机，对它的世仇——掌控天下近600年的商王朝发起了决战。

这一年的初春，周的国君周武王率领周军，从丰镐（今陕西省西安市长安区西北）出发，经过崤函古道，到达位于今天河南省西北部的孟津。他在这里会同了庸、蜀、羌、髳、微、卢、彭、濮等邦国，聚集了四万五千人的军队，再渡过黄河，迅疾推进，抵达了商王朝都城朝歌附近的牧野（今河南省淇县以南、新乡以北一带）。

周联军的突然到来，让朝歌城里的商纣王帝辛措手不及。此时商朝的军队主力正在征讨东夷，于是商纣王仓促组织起大批奴隶和战俘，连同国都的守备军队一起，开赴牧野来迎战周的联军。《史记》记载纣王出动的兵力有七十万，也有别的文献记载说是十七万。不管哪种说法，从人数上，商军大大地超过了周的联军。然而周的军队显然更加精锐，士气也更加高昂。姜太公吕尚率数百名精兵上前挑战，震慑商军并且冲乱了商军阵脚，然后周武王亲率主力跟进冲杀，将对方的阵形彻底冲垮。商军最前沿的大概正是由奴隶和战俘组成的军队。他们不仅无心恋战，而且纷纷倒戈，同周军一起冲向后面纣王率领的守备部队，商军大败。战败的商纣王撤回到朝歌城里，在他的宫苑鹿台穿上玉衣，自焚而死。战胜的周武王赶到鹿台，砍下商纣王的头颅并悬挂到旗杆上示众。历时近600年之久的商王朝就此灭亡了。

《尚书·武成》中这样记载："甲子昧爽，受率其旅若林，会于牧野。罔有敌于我师，前徒倒戈，攻于后以北，血流漂杵。"就是说：甲子日这天的清晨，商纣王率领他如林的军队来到牧野会战。他的军队不是周军的对手，前面的士卒反戈向后面攻击，商军大败，血流之多，竟然将军中的木杵漂了起来。

这段短短的记录，却留给了我们重要的信息。

首先，这个日子很特别，它是甲子日。

中国古人用天干地支来纪年、纪月、纪日和纪时，就是用甲、乙、丙、丁、戊、己、庚、辛、壬、癸"十天干"和子、丑、寅、卯、辰、巳、午、未、申、酉、戌、亥"十二地支"，按顺序两两配对，进行纪年、纪月、纪日和纪时。这样，10 与 12 的最小公倍数 60 就是一个轮回，周而复始，这就是人们常说的六十甲子。古代的中国人认为"六十伊始，甲子为开首"，具有极强的象征意味。所以，中国人觉得凡是大事的开始，用甲子日这一天最为吉利。

那么周选择在这一天开战，就具有特别的意味了。

中国国家博物馆珍藏着一件西周早期的青铜器"利簋"。利簋的腹内底部有 4 行 33 字的铭文，里面不仅提到了武王征商，还提到了就是在甲子日这一天。这是武王征商最直接的证据。利簋也被称为"武王征商簋"，出土文物印证了历史文献的记载，说明武王在甲子日这一天伐纣是确凿无疑的。

其次，这一天商纣王率领的军队虽然人数众多，但只是一支临时组建的队伍，其中很多人都是奴隶和战俘。这些人不愿意为纣王卖命，还反过来帮周联军的忙。比如其中有一部分羌族的奴隶就向商军当中同族的官兵们喊话，呼吁大家投降，结果导致了商军临阵倒戈。

实际上，在这场战争中给周帮忙的，不仅是这些阵前倒戈的奴隶和战俘，还有相当一批商的王室贵胄和官员。战前就有一批官员跑到周那边告密去了，《史记·周本记》就记载说："太师疵、少师强抱其乐器而奔周。"战斗开始之后，纣王的亲哥哥微子启也在阵前主动投降了周。

最后，"血流漂杵"则描述了这场战争的残酷。战场鲜血横流，或许还伴着天降的雨水，竟然将军中的木杵（也有说是盾牌或者其他器物的）都漂起来了，可见死者之多与场面之惨烈。按照另一部古书《逸周书》中的说法，这一战周人杀了商军十几万人。后世有好事者概算了一下，在一个小的区域内杀死十几万人，"血流漂杵"是可能的。何况当时正是雨季，雨水和着血水漂起杵来，就更有条件了。

今天我们看到的《尚书》和《逸周书》的记载真伪难辨，但战国时代的孟子是看到过《尚书》的。孟子在其中就看到了这句"血流漂杵"，大不以为然。他有一句名言说"尽信《书》，则不如无《书》"，就是由此事而发出的议论。

孟子说："尽信《书》，则不如无《书》。吾于《武成》，取二三策而已矣。仁人无敌于天下，以至仁伐至不仁，而何其血之流杵也？"（《孟子·尽心下》）意思是说：完全相信《尚书》，还不如没有《尚书》。我对于其中的《武成》

篇，不过取信它的两三条罢了。仁道的人天下无敌，极其仁道的周武王去讨伐极不仁道的商纣王，怎么会流那么多血，还让木杵都漂起来呢？

孟子的不信很可能源于儒家倡导仁政。他要让"仁者无敌"的思想确立起来，所以凭着臆断就否定了《尚书》的这个记载，认为周武王这样至仁的人讨伐商纣王这样至不仁的人，商王朝这边的人也都应该一呼百应、全面倒戈，怎么还需要杀这么多人呢？何况杀这么多人也显得周武王太不仁慈了。后来司马迁在《史记》中也没有写"血流漂杵"，只写了商军前列的士卒倒戈，与周联军一起往回打，商纣王就败了。感觉上，好像王师所至，兵不血刃，摧枯拉朽就结束了战斗。

本人觉得孟子的这个说法恐怕靠不住。首先，《尚书·武成》是胜利的周人记录的，他们一定也会本能地自我维护，这样残酷的场景，他们没必要无中生有；其次，古书惜墨如金，其中的每一句话都会携带重要信息，《尚书》中直接形容这场战争场面的话语只有这一句，它应该是最精到的描述。

如果按照孟子和后世儒家的说法，商军几乎毫不抵抗，纷纷对仁义的周武王望风归降了。可如果真是这样，战争结束后为什么还会发生武庚叛乱？商的遗民为什么还会聚集到纣王的儿子身边起来反抗周呢？还有战后两个著名的贤人叔齐和伯夷，竟然耻食周粟，宁肯饿死在首阳山上，临死还作歌唱道："以暴易暴兮，不知其非矣。"倘若没有发生惨烈的杀戮战争，"以暴易暴"从何说起？

即便按照明代王夫之折中的说法，古代"漂"与"飘"可以通用，可能是"血流飘杵"——也就是战场上砍杀出来的鲜血在风雨中飘洒到盾牌上，也显得有点和风细雨了。

毛主席说得好："革命不是请客吃饭。"腐朽的统治者是不会自动离开历史舞台的。革命是要流血的。何况，牧野之战是两个世仇国家之间的大决战，是一场改朝换代的大斗争，也是两种文化制度的大博弈！尽管周是闪电袭击，商来不及准备，但是这场战争也打得相当惨烈。"血流漂杵"也应该是牧野之战的真实写照。

然而，周本来是商分封的诸侯，甚至是商非常倚重的方伯，两者曾有着非常密切的联系，甚至是姻亲关系。那么周与商是如何走到了无法调和，只能用这场残酷的战争来解决问题的地步的呢？

二、前因后果

周武王讨伐商纣王，首先是两个世仇政权之间的大决战。

要了解周和商之间到底有什么深仇大恨，可以先来看看周人的发展历史。

据《史记》记载，五帝之一的帝喾的元配夫人姜原外出时踩到一个野人的足迹怀孕，而生下周的先祖弃。这个记载有点绕，说白了就是周的先祖名叫弃，他是帝喾的元配夫人姜原生的，但他似乎不是帝喾的孩子，而是姜原与一个"野人"的孩子。弃后来又被叫作后稷，被赐予姬姓。后稷非常贤德能干，负责掌管农业，奠定了周这个氏族的农业生产能力和农业经济。后稷的后代中，有两代比较贤能的部族首领，一个叫公刘，一个叫古公亶父。特别是古公亶父，为了回避戎狄的侵扰，他带着族人从黄河中游的豳（今陕西省旬邑县西）南迁到渭水之滨、岐山脚下，找到了更加利于生存和发展的地方，并且在那里迅速地壮大起来。

《诗经·绵》中就唱道："古公亶父，来朝走马。率西水浒，至于岐下。"文中的"水浒"是指渭水之滨。因为这里是周人寻找到的生机之地，从此"水浒"一词就成了一个典故，指生机之地。因此后世写被逼上梁山的好汉，小说取名叫《水浒传》而没有叫《梁山传》，其寓意就可想而知了。

古公亶父对周的进一步兴旺充满了期待，因此，他在选择接班人的时候，直接看中了孙子辈中的人物昌，也就是后来的周文王。事实证明他也没有看错。昌是亶父的小儿子季历的长子，亶父就把国君的位子传给了季历。而亶父的长子太伯和次子虞仲在明白了父亲的意思以后，就主动离开周去了南方，并且断发文身，自毁形象，以示彻底地离开了周这个邦国，让季历和昌相继继位了。

《史记》对季历的记载非常简单，几乎看不到他的经历和作为。然而《竹书纪年》记载，季历在位的时候曾经帮助商王朝征讨敌国，屡建功勋，却因为影响越来越大而引起了商王文丁的忌惮，后被杀害。文丁杀害季历的理由是说季历杀害了文丁的父亲，也就是商王武乙。

其实，商王武乙的死是个历史悬案。《史记》记载说他死于雷劈，也有人说他死于与神职人员的斗争。武乙死于神职人员之手，这是有一定可能的。本来商是鬼神信仰，神职人员的地位很高，权力很大。但是到了商的后期，王（权）与神权之间形成对立，王与神职人员明争暗斗，鬼神在他们心目中已经失去了神圣的地位。有一个"武乙射天"的故事，说商王武乙让人缝制了一个大皮囊，灌满了兽血挂到榆树上，对人们说这就是天神，然后一箭射中皮囊，鲜血四溢，皮囊也从树上掉了下来。围观的商人看到武乙这样对待神，都惊恐万状。武乙这么做，就是要打击神权势力，所以他与神职人员产生了难以调和的矛盾。

也有人猜测说武乙当时也开始疑忌季历做大，武乙率军逼近周，却不明不白地死了，季历也脱不了干系。不管武乙之死的真相如何，商王文丁杀了季历是事实。周与商自此结下了仇恨。

季历死后，周文王昌继位了。商王朝这边，文丁也死了，他的儿子帝乙继位，这位帝乙就是后面商纣王的父亲。由于东方夷族对商王朝的威胁太大了，为了缓和与周的矛盾，避免腹背受敌，商王帝乙又将自己的女儿——也有说是妹妹的——嫁给了昌。《周易》当中就有"帝乙归妹"的记载。《诗经·大雅·大明》中也有"文王初载，天作之合"的记载。成语"天作之合"大概就是这个时候发明出来以粉饰商周联姻的。

但是好景不长，帝乙死后，帝辛——也就是商纣王继位了。姬昌贤德智慧，周的势力和影响越来越大。崇国的国君崇侯虎就给商纣王进言说："西伯积善累德，诸侯皆向之，将不利于帝。"（《史记·周本纪》）意思是说：姬昌不断地做好事积功德，诸侯的心都向着他了，这事儿可是对您不好。纣王就把姬昌囚禁到羑里，现在河南省安阳市汤阴县北边还有一个羑里城的遗址。姬昌的手下一看大事不好，赶紧带着美女和珍宝去贿赂纣王。这纣王一见美女和珍宝，笑逐颜开，就把姬昌给放了，还说出给他进谗言的人是崇侯虎，把崇侯虎也给卖了。这个历史细节与后来项羽在鸿门宴放了刘邦，还出卖了向他告密的曹无伤何其相似。

但是《史记》的这一段记录实在过于简单了。实际上，商纣王这个人很不简单。在日益腐朽没落的商王朝贵族集团当中，他是个胸怀大志、锐意进取的人，也正因为如此，他得罪了统治集团内部很多人。历史上为他翻案的人很多，毛泽东就曾评价说："其实纣王是个很有本事、能文能武的人。他经营东南，把东夷和中原的统一巩固起来，在历史上是有功的。"《史记》上也说："帝纣资辨捷疾，闻见甚敏；材力过人，手格猛兽；知足以距谏，言足以饰非。"可见纣王很聪明，也很勇敢。我个人认为，这件事情上，商纣王很可能不像人们想象的那么昏庸。他当时面对的主要威胁来自东夷，之所以没有杀掉周文王，是担心周人反抗，使自己陷入东西两线作战。另外，纣王轻易地就囚禁了周文王，说明这个时候的周还没有足以与商王朝摊牌的资本。所以，符合逻辑的推理应该是：在东夷为主要威胁的情况下，商纣王既不愿意看到周继续做强做大，要对周文王进行敲打和防范，同时也不能彻底与周撕破脸皮，以免导致腹背受敌。而周文王对纣王的心思也一定是心知肚明，但是他对纣王的帝王之术又无可奈何，只能假做臣服，隐忍不发，韬光养晦，等待时机。商周之间就形成这样一种表面上是君臣、实际上是仇敌的尴尬局面。仇恨的结，就在这样的猫玩老鼠的博弈中越结越深。

还有个传说说周文王的嫡长子伯邑考在周文王被囚禁的时候，也被商纣王给烹杀了，并且纣王让周文王吃了伯邑考的肉做的羹。但是这个故事的真伪难辨。如果说是真的，那就进一步加深了周对商的仇恨。

周文王回到周以后，更加速了复仇灭商的步伐，但是他还没有完成大业就去世了。他的次子发继位，这就是周武王。

周文王有两个儿子很厉害，一个是武王发，一个是四儿子周公旦。周文王去世后，武王发在四弟周公旦和军师姜子牙（也是周武王的岳父）等人的辅佐之下，继续着先人的宏图大业。今天的考古发现，周人当时学习从河西走廊和北方草原传来的新技术，并且加以改进，制造和运用了先进的战车，使得自身的军事技术有很多地方已经超过了商。

随着实力的增强，周王武开始悄悄寻求灭商的战机。

武王九年（公元前 1047 年），周武王在文王的墓地为文王举行了祭祀，然后东进到孟津进行阅兵。据说有八百多个诸侯虽然没有接到邀请但闻讯带着军队赶到孟津来会师。诸侯们都说："可以讨伐纣了。"武王却说："你们不知道上天的旨意，尚不能伐纣。"于是前来汇合的各国军队又各自撤回了。这一次，周测试了自己的号召力和天下诸侯对商纣王的态度，也进行了一次演习，熟悉了灭商的进军路线。但是武王一定有比那些诸侯们更准确的情报，说明时机还不成熟，所以，他没有贸然行动。

这个时期，周不断地派间谍到商刺探军情，同时还有从商王朝跑过来的官员密报，让周准确得知商的情形。这一年，商的大军正在东征夷族，都城朝歌形同空城。而且就在这一年，周闹了饥荒，农业没有收成，农夫们也愿意出去作战，去夺取粮食活下去。于是，周武王、姜太公果断决策，武王在即位十年之后，用一场牧野之战终于革了商王朝的命，实现了几代人的夙愿，开启了长达近 800 年的周代。

周的这种战略性的累世经营，在中国历史上并不鲜见，也是一种中国传统。所以今天看到一些西方人惊呼中国"五年计划"厉害的时候，我常常会笑——他们还没看明白，中国共产党的伟业其实也是一个战略性的累世经营的成果。这应该也是中国文化传统的一种延续。

实际上，周在灭商的时候，相对于商来讲依然还是个小邦，整体实力上比商还有很大差距。那么，小邦周为什么能灭了大邑商呢？难道就是一场战争这么简单吗？

三、天道人心

中国上古史从传说中的"三皇五帝"，经过"帝王之别"，进入夏商周三代。

夏王朝大概是在组织先民抗击水患和开展大规模水利工程建设的过程中建立起来的。商王朝依靠先进的青铜技术和发达的商业而兴盛。周则依靠农业文明走向强盛。

从目前已见的出土文物来看，商王朝的青铜器十分壮观，甲骨文的藏量也非常丰富。商的粮食拥有量也应该不低，在保证食用的基础上，还有相当的盈余可以用来酿酒。周武王攻下朝歌之后，从纣王的宫苑里搜出了大量的珍宝玉器。几百年来，商王朝东征西讨，有着强大的军事力量。即便到了周武王战胜商纣王的时候，在这些方面周与商还是不可匹敌的。

然而周就这样以弱胜强，取而代之了。原因在哪里？

我个人认为，导致商王朝一朝崩溃的原因，是商有根本性的"四败"。

一败于骄奢淫逸——整个贵族阶层腐化堕落，不思进取，纵情于物质享乐和感官刺激。他们以酒为池，以肉为林，为长夜之饮，这也是成语"酒池肉林"的来历。纵情享乐带来的就是不思进取，一个王朝到了不思进取的地步，也必然要衰落。

二败于信仰崩溃——整个社会失去了凝聚力。商王朝统治者本来是鬼神信仰，他们宣扬上帝，也就是他们自己死去的先王，宣称君权神授。而到了后期，王权与神权对立，王与神职人员明争暗斗，鬼神在他们心目中已经失去了神圣的地位，贵族们甚至去偷祭神的供品来享用。到这时候他们再宣扬鬼神和上帝，还有谁会跟着信呢？

三败于族群撕裂——王朝内部权力斗争激烈，导致族群撕裂。比如，商纣王的亲叔叔比干和箕子都是王朝的高官，因为意见不同或者是权力斗争，比干被杀害，箕子被囚禁。王室成员和纣王的关系非常紧张，甚至很多人都直接参与了给王朝掘墓和拆台。

四败于人民反抗——奴隶和下层百姓不堪压迫，纷纷起来反抗。商王朝统治集团骄奢淫逸，给人民带来了深重的剥削和压迫，很多奴隶还要被杀死了殉葬，惨无人道。大批的奴隶都是商王朝四方征战俘获的，这些人对商王朝怀着国仇家恨，视商朝统治者如仇寇，因而反抗和倒戈。

而反观周呢？在我看来，周虽然总体实力不如商，但它却有关键性的"三胜"。

一胜于天道人心——周人看到了天命与人心的关系，认识到了天命其实是由人心来体会和表达的。于是他们提倡"以德配天""以德治国"，主观上施展了高超的政治智慧，客观上也顺应人心，促进了社会文明进步。比如，周文王向纣王"献洛西之地，以请纣去炮烙之刑"，自愿向商纣王奉献洛水以西的土地，请求纣王废除残酷的炮烙的刑罚。周因此而大得天下人心。此外，针对商纣王招诱其他小国逃亡的奴隶而为其他小国所怨恨，周文王就定出一条"有亡（奴隶逃亡）荒（大）阅（搜索）"的法律，明确说谁的奴隶归谁所有，不许他人藏匿，从而大得天下诸侯之心。

由于周重视天道人心，就使得两个文明形成鲜明的对比：一个虽然物质上强而精神上没落；一个虽然物质上稍弱而精神文化上光明。两个文明相比较，让天下人看清了道与无道、仁与不仁，分清了光明与黑暗。因而，周与商之间的斗争，又绝不仅仅是两个世仇政权之间的博弈。周革商命，还有着深层次的道义支撑，是文明进步的必然选择。

二胜于视野宏阔——周人的战略显然长于商。在与商的长期博弈中，周早已开始着眼大局，悄然将自己的势力扩展到长江、汉水和汝水三个流域，教化那里的蛮夷，称之为南国或召南，逐渐对商王朝形成政治合围之势。文王晚年时，周已经取得了当时所谓天下的三分之二。到周武王时，又不断地将周的政治中心向东移，逼近商王朝都城朝歌，为最后的决战做好了准备。

三胜于其命维新——周人在哲学思想上也比商人先进。《史记》上说："文王拘而演《周易》。"《周易》的核心观念就是"变"。周人深刻地认识到：世间唯一不变的就是变化。这使得周人既具备了面对困境时的乐观精神，也具备了身处顺境时的忧患意识。而且面对永恒变化的世界，周人给出了积极正确的应变之策，那就是"创新"。"周虽旧邦，其命维新"，就是这个意思。而周的创新又绝不仅仅是技术层面的创新，更是道的层面的创新，是基于对人心和人性的深刻认知与敬畏以及深刻的忧患意识而进行的创新。

一种新的有利于社会和谐，甚至有利于人与自然和谐的观念与制度就这样呼之欲出了。

第二章

天道人心

　　《尚书·虞书·大禹谟》中有一段政治名言："人心惟危，道心惟微；惟精惟一，允执厥中。"据说这十六个字是尧把帝位禅让给舜，后来舜又把帝位禅让给禹时，代际之间所做的政治交代。意思是说：人心变化莫测，天道中正但需要细致入微地去察知，执政要精准地把握和坚守天道，最后使人心与天道和合，执中而行，天下方能大治。这句话教导后世帝王，执政需从认识人心、知道"人心惟危"开始，要察知天道并不忘初心、坚守如一，追求人心与天道的合一。在儒家看来，这十六字几乎是圣帝明王对整个后世中国的政治遗言。

　　武王伐纣，周革殷命，单看最后的战争，从公元前1047年底周联军在孟津会师起兵，到次年二月甲子日牧野一战定乾坤，一场灭国之战、改朝换代之战，历时仅三十余天就结束了。它的速战速决，它的以小博大、以少胜多，都堪称人类战争史上的一个奇迹。

对于这场战争的到来及其结果，估计商王朝统治者完全没有料到，天下邦国也都莫名其妙，就连胜利者周武王和周公旦们恐怕也感到不可思议。尽管周人对这场战争的胜利渴望已久，且已经为之筹划了几代，但他们千筹万算恐怕也没有算到，这胜利来得太快、太突然了。

可贵的是，战争的胜利者没有忘乎所以。周人清醒地认识到了牧野之战的胜利并没有解决所有的问题，取代商王朝、重塑天下秩序的道路路阻且长。

原因何在？恰在"人心惟危"！

一、夜不能眠的战胜者

牧野之战结束后，周武工占领了商都朝歌，但是商的贵族阶级仍然保存了很强的实力。为了加强对这里的控制，周武王将商的京畿之地分割为邶、鄘、卫三国，将邶国封给商纣王的儿子武庚，而鄘和卫两国，则分别交给了自己的弟弟管叔鲜和蔡叔度来管理。这三国合称为"三监"。当然"三监"还有别的说法，比如说是：管叔监管卫、蔡叔监管鄘、霍叔监管邶，他们从三个方面来监视商纣王的儿子武庚，也就是监视以武庚为代表的商的遗民。

随后，周武王又派兵征讨那些还不臣服于周的商朝诸侯。历史记载说，周迅速征服了99个诸侯国，还有600多个国家望风归顺了。

如此安顿了商都朝歌，招抚了商王朝的诸侯们之后，周武王还师西归，在都城镐京举行了盛大的典礼，正式宣告了周王朝的建立。

周武王完成了改朝换代大业，实现了几代周人的夙愿，他本应该高兴才对。然而，此时此刻的他却忧心忡忡，夜不能寐。

《史记·周本纪》记载：

武王至于周，自夜不寐。周公旦即王所，曰："曷（hé）为不寐？"王曰："告女：维天不飨（xiǎng）殷，自发未生于今六十年，麋鹿在牧，蜚（fěi）鸿满野。天不享殷，乃今有成。维天建殷，其登名民三百六十夫，不显亦不宾（bìn）灭，以至今。我未定天保，何暇寐！"

周武王回到周，晚上却睡不着觉。四弟周公旦来看他，问道："您为什么睡不着觉呢？"周武王说："我告诉你啊，因为上天不肯享用殷的祭祀，贤德的人被逐放了，而小人却在朝野得势。上天不保佑殷，我们周才成就了王业。过去上天保佑殷的时候，他们任用了很多有名的贤人，使得殷的事业虽然不太昭显，但也没有很快就灭亡。今天，我们周还没有确定能够得到上天的保佑，我哪里有工夫睡觉呢？"

从周武王这段简短的对答中，我们就能看到，他深刻反思了殷商兴衰的原因。关于殷商过去的兴盛，他恳切地指出了其任用贤人的正确。关于殷商的衰败，他先说的是

"天不飨殷"，也就是说，上天不肯享用殷的祭祀，而接着把问题落脚在人，就是贤德之人被逐放，小人却在朝野得势。周武王深刻地认识到：殷商成败的经验和教训，正在于人心的得失。

不仅如此，他还清醒地认识到，周还没有确定得到上天的保佑。用他表述殷商得失的逻辑，实际上他想说的是：周还没有赢得天下人心。这就是周武王夜不能寐的原因。

那应该怎么办呢？

周武王在不眠之夜，深入地思考了对策。他接着对弟弟周公旦说：

> 定天保，依天室，悉求夫恶，贬从殷王受。日夜劳来（lào lài），定我西土，我维显服，及德方明。自洛汭（luò ruì）延于伊汭（yī ruì），居易毋固，其有夏之居。我南望三涂，北望岳鄙，顾詹有河，粤詹雒伊，毋远天室。
>
> ——《史记·周本纪》

从这段话我们可以看出，周武王是一个多么深谋远虑的人！他认为，要获得上天的保佑，让天下民众都依从天子的朝廷，首先要全面搜捕那些不顺从天命的恶人，让他们跟商纣王一样接受惩罚。就是说周首先要做的事情，是进行彻底的肃反，把那些绝不顺从的死顽分子全部找出来，彻底清除。他们是新政权最大的危害。

接着他说："我们还要日夜辛苦操劳，招揽贤人，以安定我们西部的国土。我只有办好各种事情，直到道德教化施达于四方，并且发扬光大。"他明确了认真扎实做好实事的重要性，明确了人才的重要性，明确了思想教育的重要性，表明一定要让天下民众认识到周的仁德，从而以德服人。

最后，他提出了一个重要的战略设想，那就是在东边营建一个陪都，以那里为中心，来扼控殷商旧有的势力范围，或许还有更远的东夷，可以说他的这一构想奠定了"中国"的雏形。他说："从洛水河湾一直延伸到伊水河湾，那一带地势平阔宜居，但没有固守的城池，那里是夏代的居住地。我站在那里，往南边能望到龙门山，往北边能望到太行山（也可能是指衡山），回头能看到黄河，还能遥望到洛水和伊水的两岸，那里离天子的镐京也不太远。"后来周公旦完全按照周武王的设想，建成了东都洛邑，使之成为周王朝掌控天下的战略中心所在，也成为中国古人心中的天下之"中"。出土文物西周青铜器"何尊"上，就铭记了周建造洛邑这件事。其中有一句特别有名的铭文——"宅兹中国"，这也是"中国"一词的最早来源。

周武王是一位了不起的政治家。他夜不成寐地思考的对策，实际就是从三个层次来收拾天下人心巩固政权：

一，对死顽分子，坚决予以打击和消灭，彻底清除祸患；

二，对天下民众，通过办好实事、任用贤才和思想教化来赢得民心；

三，对各路诸侯，通过营建洛邑，从地理、心理、军事、经济和文化等多个角度来造势，夯实政权，予以镇服。

然而，收服人心是一件容易的事吗？夺取了政权的周武王和周公旦，又面临着怎样的局面呢？

二、人心惟危

周武王深邃而宏大的思考，为周王朝擘画了政治蓝图和政治路线，奠定了重要的政治基础。然而，收拾人心谈何容易？夜不能寐、日夜操劳，终于让周武王积劳成疾。

《史记·鲁周公世家》记载："武王克殷二年，天下未集，武王有疾，不豫，群臣惧。"在灭亡商朝的第二年，天下还没有安定，周武工就生病了，感觉很不好，群臣都很害怕。

周公旦非常担忧社稷。他亲自去向先王们祷告。史官替他宣读的祷告词上说：

> 惟尔元孙王发，勤劳阻疾。若尔三王是有负子之责于天，以旦代王发之身。旦巧能，多材多艺，能事鬼神。乃王发不如旦多材多艺，不能事鬼神。乃命于帝庭，敷佑四方，用能定汝子孙于下地，四方之民罔不敬畏。无坠天之降葆命，我先王亦永有所依归……
>
> ——《史记·鲁周公世家》

意思是说："你们的长孙武王发积劳成疾，如果你们在天有灵，就让我来顶替武王发承受病魔吧。我比武王灵巧能干，多才多艺，能来天上侍奉鬼神。而武王发刚刚被上天授命，葆有天下，天下百姓没有不敬畏他的。因而他在世上，就能安定你们的子孙。请不要毁掉了上天赐给周的天命，只有这样，先王你们的灵魂，也才能永远地有所归依。"

历史记载说，周公祷告之后，占卜的结果非常好。第二天，武王的病就好了。

但是过了不久，武王还是死了。

作为战神和政治领袖，周武王的死给刚刚改朝换代、尚没有安定的天下带来了极大的不确定性。王公贵族、天下诸侯，各怀心思，觊觎政权之心伺机萌发了。周王朝刚刚获得的政权岌岌可危，人心思乱就在眼前。

问题首先出现在周王室的内部。《史记·鲁周公世家》记载说："武王既崩，成王少，在强葆之中。周公恐天下闻武王崩而畔，周公乃践阼代成王摄行政当国。管叔及其群弟流言于国曰：'周公将不利于成王。'"周武王死了，儿子成王继位。这个时候成王还年幼。因为担心天下反叛，周公旦就暂时摄政，代行王权。管叔和一群众兄弟，首先不干了，他们散布流言说"周公将不利于成王"，怀疑周公要抢班夺权。

这里面领头的人，很可能就是管叔。周文王的儿子当中，长子伯邑考早亡，武王发排行老二，管叔鲜排行老三，周公旦是老四。如果按照兄终弟及的古代传位原则，管叔一定觉得接替武王位置的应该是自己，而不是老四周公旦。至于其他的兄弟，是要因此而起来维护管叔还是各有想法，就不得而知了。

"人心惟危"，这时就充分显现了。众兄弟觊觎权力，钩心斗角。面对危局，不肖之子考虑的不是顾全大局、齐心协力地来维护这个岌岌可危的王朝政权，而是对贤能者造谣中伤，想达到自己不可告人的目的。

还有商王朝的贵族和遗民们，他们本来就没有从心底顺服周朝，看到武王一死、周王室内讧，就觉得有机可乘。于是，他们迅速地聚集到纣王之子武庚的旗下，开始了复辟叛乱。

原来与周像友军一样长期与商王朝势不两立的世仇淮夷部族，此刻也举起了反周的大旗。大概他们觉得，多年以来，正是他们在与商王朝坚持不懈地进行着斗争，牧野之战的时候也正是他们吸引了商军的主力，突然间却让周人乘虚而入获取了战果，实在心有不甘。敌人的敌人就是朋友，此刻的淮夷，居然又与曾经的敌人武庚站到了一起。

更让周王室难以接受的是，本来派去监视武庚和商朝遗民的管叔、蔡叔，这个时候居然也与武庚联合起来，和淮夷一起发动了叛乱。而其他诸侯，许多则处于观望之中，没有几家是省油的灯。

周革殷命，宣称天命归周，这是周人自己的说法，天下人还没有认同——至少武庚所代表的商朝遗民和淮夷这两大势力就很不认同，而周家的管叔、蔡叔之流，也来挖自家的墙角。天下秩序未定，各方面的人都从牧野之战的惊讶和蒙圈中醒来了，大家都定下神来，要在重新洗牌的过程中捞回或者是赢得自己的地位与利益。

人心惟危，内忧外患，叛乱频起，给刚刚建立的周王朝提出了新的历史难题。

三、平叛与吐哺

周公旦摄政，他经受住了考验，表现出一位杰出政治家的沉稳与果敢，成为周王朝政权的中流砥柱。

他首先从王朝核心成员的思想工作做起，与他们"谈心"。《史记·鲁周公世家》中记载，周公先去找王朝的核心成员太公望——也就是灭商的大功臣姜子牙——和召公奭（shì），跟他们交心。他说，自己之所以不避嫌而来代理国政，是怕天下人背叛周王室，那样就没法向先王们交代了。先王们为天下之业忧劳了很久，现在刚刚成功。武王早逝，成王又年幼，自己是为了稳定周朝的大业才这样做的。

周公旦的恳切，说服了王朝的核心官员们。于是，周公旦获得了成王的命令，兴师平叛。

但是平叛东征必然要大动干戈，王朝内部、各路诸侯和各级官员的思想并不统一，甚至很多人都反对。大家反对的理由主要有两个：一是国家内部还不安定，出兵困难重重；二是要讨伐的反叛者管叔和蔡叔是王室的重要成员，是很多诸侯的长辈。于是周公又发布了晓喻各路诸侯及官员们的《大诰》，做这些人的思想工作。

《大诰》是以周成王的名义发布的，说了三个方面的意思：

其一，王朝正面临着灾难，可能比诸侯和官员们想象的还要严重。殷商遗民想要复辟，天下很多诸侯都响应他们。管叔和蔡叔还助纣为虐，领头反叛。这怎么了得啊？如果不面对和及时处理，将可能让先王开创的基业毁于一旦。大家要认识到危机的严重性，继承先王遗志，巩固王朝大业；

其二，周公用周文王留下的龟甲进行了占卜，得到的结果是吉兆，说明上天和先王也肯定了平叛的正确性，说明平叛是可行的。在那样一个迷信上天、迷信先王、迷信占卜的时代，这样的做法能够极大地坚定人们的信心；

其三，种田要除去杂草，治国也是同样的道理。这对于靠农业立国兴邦的周王朝上下，也具有极强的说服力。

这篇《大诰》凝聚了周王朝各路诸侯和各级官员的人心，发挥了很好的战争动员作用。

于是，平叛东征开始了。战争打得很惨烈，整整持续了三年。

周公首先平定了"三监"的叛乱，诛杀了管叔和武庚，流放了蔡叔，再一次镇服了殷商的遗民。然后，他把周武王同父同母的小弟弟康叔封在卫国，以震慑商民。他还把商纣王的大哥、主动投降了周的微子启封到了宋国，也就是今天河南的商丘，让他带去一些商的贵族，奉行殷商的祭祀。这样，就进一步把商的贵族和平民进行了分割。

这个微子启在商王朝影响很大。他是商纣王帝辛的庶兄，他们同父同母的兄弟一共有三个，微子启是长兄，中衍是老二，商纣王帝辛最小。微子启的母亲生下微子启和中衍的时侯身份还是妾，后来成了商王帝乙的正妻，又生了个小儿子。父母本来想立长子子启为太子，但是太史依据法典认为，应该首先考虑立正妻的儿子做太子。商王的继承人就没有选择长子子启，而是选择了嫡子帝辛也就是商纣王。这时周公利用微子启的影响力，让他带着一些商的贵族去到宋国，并奉行殷商的祭祀，也是对殷商遗民的一个安抚。

平定武庚和管蔡叛乱之后，周公乘胜东进，平定了淮夷及其东部一些地区，一举灭掉了东部反叛闹得很凶的奄国（今山东省曲阜市一带），还有其他五十多个国家，用三年时间彻底完成了平叛。天下诸侯都归顺了周王朝。当初武王克商，只是打碎了商王朝的核心，经过周公东征，周才彻底扫清了殷商的外围势力，不仅如此，还荡平了商朝也未曾征服的东夷。

东征的战果来之不易，战斗极其残酷激烈。《诗经·豳风》中记录了东征战士们的心情：战士们跟着周公东征，斧子都砍出了缺口，饱经战斗的苦楚，能够生还已是幸运了。他们思念家乡，期待解甲归田。

但这场征战是值得的。东征以后，周王朝再也不是征战之前的那种内外交困的局面了。周再也不是西方的"小邦周"，而成为一个西起六盘山、东到大海（山东半岛）、南达淮河及长江中游、北至燕山山脉的泱泱"大国"，准确地说是一个泱泱大王朝了。

平叛和东征结束之后，为了落实周武王当年的宏大构想，经过占卜，周公在成王五年的三月二十一日，发布了起建洛邑的命令。这一天，与牧野之战的那天一样，也是个甲子日。

周对洛邑的建设进行了认真规划。他们在洛水以北、瀍水的东西两边各筑起一座城池，合称为洛邑。西面的那座城池是周天子的王城，城内的主要建筑有太庙、宗庙、考宫、路寝、明堂等这"五宫"。东面的一座叫成周，周把殷商遗民中的一些顽固分子——也称为顽民——移居到这里，进行集中监管和教化。

在宝鸡青铜器博物院，珍藏着一件西周的青铜器，叫作何尊。何尊上面有122个字的铭文，里面就记载着周成王五年周公旦营建成周洛邑这件事情。其中有一句特别有名的铭文——"宅兹中国"，这是迄今为止发现的"中国"两个字最早的文物见证。

至此，洛阳成了中国古人心目中的天下之"中"，周则完成了周武王居天下之"中"而掌控天下的设想。

当年，战胜商纣王的周武王忧心忡忡，夜不能寐。那么此刻，完成了荡平天下、掌控天下大业的周公，又何尝不是如此？他曾经告诫将代表自己前往鲁国封地的儿子伯禽说:"我文王之子,武王之弟,成王之叔父,我于天下亦不贱矣。然我一沐三捉发,一饭三吐哺,起以待士,犹恐失天下之贤人。子之鲁,慎无以国骄人。"(《史记·鲁周公世家》)意思是说:"我作为文王的儿子、武王的弟弟、成王的叔叔,对天下人而言,地位也不低了。而我常常洗一次头发要多次握着头发停下来,吃一顿饭要多次吐出口中的食物停下来,以便及时地接待贤能的士人,就是这样,我还担心失去天下贤士。你到了鲁国一定要谨慎,不可以凭着国家的势力傲慢地对待他人。"可见,赢得天下人心是周公始终致力的事情。

我想,无论在随武王伐纣的征战中,还是在平定叛乱的东征之战中,还是战争之余的政务工作中,周公旦与周武王一样,他从兄弟们的钩心斗角、殷商遗民的伺机复辟、东方夷族的不满,以及王朝内部上下思想不一当中,都深刻地认识到了"人心惟危",认识到了赢得人心的重要性。

而面对刚刚打下来的天下,首先要安抚、镇服和赢得的,就是王朝功臣、王室贵胄和前朝贵族们的人心。对这些人该怎么办,怎么处理好王室与他们的关系,从而确保天下的安定,这是王朝赢得天下人心需要迈出的第一步。

第三章

分封诸侯

周革殷命，取而代之，这是一场以小搏大的胜利。牧野一战，周虽然一举打垮了殷商王朝的政权核心，但绵延经营了近 600 年的商王朝死而不僵，商的子民、土地和外围诸侯们依然存在。此外，更外围的戎狄势力这时更加失去了制约，对于体量有限的周而言，它们是多么庞大且难以驾驭的存在！此时的周就像一个眼疾手快的渔夫，一网下去，网到了太多的鱼，以至于自己也无力起网，却又舍不得撒手。新生的周王朝如何才能建立起一个秩序来统御四方呢？

能够借鉴的前代经验就是分封。

但周的分封无论是规模、范围，还是内容、形式，都大大地超越了前代。他们对传统的封建制度进行了空前的改进和推广，将高超的政治智慧融入其中，发挥了妙不可言的政治作用，迅速塑造了一个阔达而巧妙的政治统治格局，巩固了周的王朝政权，建立起中国历史上历时最久的一个王朝。

那么，什么是分封？周又是怎样分封的呢？

一、何谓分封？西周如何进行的分封？

周之前的天下是邦国体制。原生的邦国应该是一些氏族部落在繁衍生息和族群斗争与融合中自然发展而来的。分封是当时的一种"国际性"的政治"游戏"。"封"字的甲骨文字形是在土堆上面种一棵树，这是古人用来划分土地疆界的一个方法。而分封就是由一个最有实力且众多邦国所顺服的大邦来给各个小邦分割领地，各个小邦在分属于自己的领地上面建立自己的国，这些邦国共同构建起一个王朝。主持分封的那个大邦的领主被称为"王"，王被尊为天下共主，其他被分封的小邦的领主就被称为"诸侯"。但是周之前的天下邦国实际都是独立自治的，诸侯们对王和王朝只保持形式上的臣服，在需要的时候可以响应王命，起兵讨伐叛逆，抵御外敌。王真正能掌控的只有京畿之地，也就是他自己的那个邦国。商就是这种统治方式。

那么，周的分封如果简单沿用商的模式行不行？

答案是肯定不行！商王朝时期虽然也对很多诸侯进行了分封，但是王与诸侯之间只是松散的关系，王室对诸侯缺乏约束力，诸侯们时常有脱离和反叛商的举动。原本是小邦的周如果新瓶装旧酒，简单地沿用商的分封模式，怎么掌控得了这个庞大的天下呢?

于是，周对以往的分封形式进行了改进。

周的分封包含了授土、授民、班器和班爵四个部分。

授土，就是用青、红、白、黑、黄五色土分别对应着东、南、西、北中五个方位，建一个大社。分封诸侯的时候，王官司空取一个方位的色土，加上一点象征中央王朝的黄土，合在一起用白茅包上赐给受封的诸侯，象征着天子将某个方位的一片土地授予了这个诸侯。

授民，就是给诸侯分人，一般包括一小部分周人、封地上的原住民、战争中的俘虏。西周初期划拨商的遗民给诸侯，分而治之。交付的时候，王官司徒会向诸侯表明授予他的民的成分和数量。比如《左传·定公四年》当中，就有对鲁、卫、晋等国授民的记载。其中，鲁分得殷民（殷商遗民）六族，卫分得殷民七族，晋分得怀姓九宗，也是殷商的封国——唐地的遗民九族。

班器，就是给诸侯们分仪仗、礼器和冠冕等器物。周初分赐给诸侯的很多器物，都是周文王和周武王用过的旧物。比如《左传·定公四年》记载，周分给鲁国的器物就有先王用过的大车、大旗、夏后氏璜玉、封父（也有说是后羿）用过的良弓等等。分赐这些先王用过的旧物，可以显示王室特别的荣宠和恩亲，从而强化王室和诸侯之间的亲情纽带。

班爵，就是给诸侯们颁授爵位。诸侯们出生的门第、社会影响、与王的亲疏远近、对王朝的功劳大小以及自身的实力都各不相同，王朝必然要分出个等次来以体现尊卑贵贱。《说文解字》中"封"字的注释为："爵诸侯之土也。从之从土从寸，守其制度也。公、侯，百里；伯，七十里；子、男，五十里。"就是说分封是有制度规矩的，是分等次的，不同层次的诸侯得到的封地大小不同，实际上还有地方的好次与战略地位不同。封建诸侯的等次分成公、侯、伯、子、男五个层次。公爵是最高的爵位，周初被封为公爵的只有 8 个国家，他们是周朝之前的 6 个王者之后和 2 个周的先王之后。他们是焦国（神农氏之后）、祝国（黄帝之后）、蓟国（尧之后）、陈国（舜之后）、杞国（夏禹之后）、宋国（商汤之后）和虢国（周文王的弟弟）、虞国（周太王古公亶父之子仲雍的曾孙）。封 6 个前朝王者之后为公爵，具有特别的政治意味，其目的是建立统一战线，确立周的正统地位。封 2 个周的先王之后为公爵，既有感情色彩，也是为了增强周人内部的凝聚力。姜太公的齐国和周公旦的鲁国作为灭商的大功臣，也只是侯国，虽然人们也称他们为公，那只是表达尊敬的意思。后来强大起来的楚国在分封时只被封为子爵。男爵是最低的一等，史书记载中被封为男爵的只有一个，那就是许国。

上述议程结束之后，王朝还要对诸侯们加以训诫。比如对卫国国君康叔就训以《康诰》，以王的口吻告诫康叔，去到封国之后要怀念和感恩先王开创的基业，用德政去安抚殷人，并时刻保持警惕，保证长治久安。

受封的诸侯们带着自己的族人前往封地去建国，受封的诸侯们在自己的封国内再对他们下一级的卿大夫们进行分封，大夫们在自己的封地上建立家。家以下就不再分封了。至此，"王—诸侯—卿大夫—士—小民—奴隶"这样一个自上而下的金字塔结构得以建立，一个清晰的等级社会就此形成。

为了建立起一套更有亲和力也更有约束力的分封制度，将权力的探针和缰绳深入到诸侯组织的内部去，以更加有效地统御天下，周还对分封制进行了深层次的改革，推出了"宗法分封制"。

那么，"宗法分封制"又是什么？它比以往传统的分封制有着怎样的高明之处呢？

一、西周"宗法分封制"

分封诸侯并不是西周的创举，但是把宗法与分封结合起来，分封自己的嫡亲和姻亲，通过建立藩国来拱卫王室则是西周的一大创举。因此，一些有见地的先秦史学家直接就把西周的分封制称为"宗法分封制"。

那么什么是宗法？周人又是怎样将宗法与传统的分封结合起来的呢？

我们先来看看"宗法"。无论是王还是诸侯，都有一个权力传承的问题，这个问题涉及天下和各诸侯国的长治久安，关乎封建制度的维持。因为是私有制，继承者当然是自家人了，但是自家人也有很多，是兄终弟及还是父死子继？按什么秩序来选择？这些都是必须明确的问题。因为那个时候，王和诸侯们都是一妻多妾又多子的，兄弟、儿子一大堆。夏商时期，多数是兄终弟及，按照排行继承的。道理可能是，早期所谓的王朝和诸侯，其文明和力量都还很薄弱，在面对与自然和外族的斗争时都战战兢兢。由于其主要矛盾在外部，主要的任务是保证整个部族的生存，所以兄终弟及比较合适；如果父死子继，很可能父亲死的时候儿子还很小，难当大任。而到了西周，经过周公制礼，嫡长子继承制就确立了。这个时候王朝和诸侯的文明和力量已经很强大，来自外部自然的威胁和异族的威胁都下降了，更大麻烦转换为内部的权力之争。这个时候，嫡长子（王的正妻所生的第一个儿子）继承制就确立了。"嫡长子"作为合法的继承人被称为宗子，世世代代的大宗一脉相承，承继祖业，其他儿子们都被称为小宗。小宗被封出去当诸侯，或者是担任王朝的官员，协助大宗控制政权。王、诸侯、卿大夫同理，层层叠叠，形成了宝塔式的亲属和政权结构，构成一个完整的"家天下"。这就是宗法。

西周将"宗法"与"分封"结合起来，让分封制以宗法制为基础，宗法制又凭借分封制开枝散叶，二者互为表里，将周王室统治的触角自然伸向各地去了。

《左传·昭公二十八年》记载，西周初期分封了40个姬姓诸侯；《荀子·儒效》记载，周公摄政时期分封了71个诸侯，其中姬姓的多达53个。但是这两个记载当中都没有具体的名单。而《左传·僖公二十四年》的记载就提供了一份由周王室两代成员受封的 26 个诸侯国的具体名称，这个资料就非常有价值了。它们是：

周文王的儿子辈——也就是武王兄弟们的封国 16 个：管、蔡、郕、霍、鲁、卫、毛、聃、郜、雍、曹、滕、毕、原、酆、郇。其中，管于周公平叛的时候被灭掉了；

周武王的儿子们——也就是周成王兄们的封国 4 个：邘（yú）、晋、应、韩；

周公旦的儿子们的封国 6 个：凡、蒋、邢、茅、胙、祭（zhài）。

这其中，有 16 个诸侯国集中分布于洛邑周边、黄河中游的东部平原这一区域，它们是蔡、郕、鲁、卫、郜、雍、曹、滕、邘、应、凡、蒋、邢、茅、胙、祭。如果将今天考古确定的这 16 个诸侯国的位置在地图上标出来，它们立刻就呈现出一种非常有趣的聚落形态。首先，它们三个一组，在外形上呈现出三角形或者是排成一条线，形成几个极容易识别出来的三位一体的组合，组合的布局都在重要的战略位置。比如武王的一个儿子被封在了邘国（今河南省沁阳市），在邘国的两侧，武王的两个弟弟分别建立了原国和雍国。这三个诸侯国不但拱卫着洛邑的北大门，而且扼守着进入汾河流域的交通要道。其次，这 16 个诸侯国大多数都坐落于冲积平原的边缘，那里分布着最肥沃的农田。而名单当中剩下的 10 个诸侯国，有些分布在汾河流域，有些则在渭河流域。

我们大致看到，周王室嫡亲的封国基本分布在汾河、渭河和黄河中游。还有一些虽远离中枢，却也在要害的地理位置，比如说鲁国和燕国。这些封国为周王朝构架起一道扎实的权力中轴，并且呈放射状向外分布，一起拱卫王室。

可见，西周前期诸侯国的分布显然体现了以姬姓近亲诸侯为核心的分封战略，有清晰的顶层设计和精细的战略布局，绝对不是随意分封的。

这就是西周的"宗法分封制"。

当然了，对于重要的异姓诸侯国，王室则通过政治联姻的方式加以团结，实质上也是同姓宗法血缘关系的扩展和补充。有一种"姬姜一体"的说法，就是说周人的天下原来是姬姓和姜姓两家联合打下来的。所以历代周王多数都是娶姜姓女子为王后的，比如周武王的王后就是姜子牙的女儿。此外，陈、吕、申、许、杞、缯、畴等这些诸侯国，都与周王室有着紧密的姻亲关系。

如此经过精心设计和宗法分封之后，真是"天下一家"了。那么经过宗法分封之后的周王朝运行和管理的情况如何呢？

三、西周王朝的运行与管理

通过宗法分封，西周王朝建立了真正意义上的"家天下"。它的运行和管理相比于前代更有秩序，也更有效了。

首先，王与诸侯成了严格意义上的君臣关系，王对诸侯有着绝对的权威和控制力。王室可以任命和撤换诸侯国的国君，诸侯则必须服从王命，履行包括为王镇守疆土、出兵助王作战、缴纳贡赋、助王救灾、按期朝觐述职在内的责任。

为了有效地掌控诸侯，王朝在分封诸侯的同时，还在各诸侯国设置了世袭的"监国"。这些"监国"被委以重任，随时向王室报告诸侯的信息。《左传》当中记载，齐国的"国"和"高"两个家族就是监国，他们的影响力很大。春秋早期，齐襄公死了以后齐国内乱，"国""高"两家竟然能够决定齐国是选择立公子纠还是公子小白为国君——小白就是后来的齐桓公，可见监国地位之特殊。

此外，诸侯还必须定期向周王述职。从出土的西周青铜器铭文当中，我们可以看到很多诸侯去宗周觐见周王的记录。例如有一个"麦尊"上面就记载了邢侯从今天的河北去觐见周天子的过程。鉴于周代铭文当中反复地出现此类觐见的记载，说明那个时候诸侯觐见天子、汇报工作很可能是一项制度，或者至少是一种约定俗成的行为。

西周时期，诸侯们如果敢于不敬王室和不履行义务，后果会很严重。即使到了西周的后期，重要的诸侯国齐国的第五任国君齐哀公两年没有向王室纳贡，邻国纪国的国君向周夷王告状说齐哀公要造反，周夷王就把齐哀公给烹杀了，以儆效尤。

其次，诸侯国的治理也非常有效，因地制宜。比如鲁国和卫国"皆启以商政，疆以周索"。因为鲁国和卫国统御的殷商遗民很多，王朝就让他们采用商的政治制度，以便于商民们能够理解和接受，同时用周的法律加以约束，逐渐地教化和统治起来。比如齐国就"因其俗，简其礼"。齐国征服了封地上原来的"莱夷"部族，统御着大量的莱夷遗民。莱夷与中原文化风俗差异很大，齐国就尊重当地的礼仪，简化周的礼仪，以便当地人接受。各国都采取了适宜各自国情的灵活方式进行治理，很快就建立了稳固的地方政权。

西周初期的分封无疑是成功的，至少可以达到"一石四鸟"的目的：

第一，周王室可以利用分封，从形式上宣示和确立自身的正统地位；

第二，周王室可以用这种方式褒奖功臣，安抚大批的老旧贵族诸侯，让他们获得自己的领地、地位和利益并认同对周的从属地位；

第三，可以通过在战略区域分封靠得住的嫡亲诸侯，屏藩拱卫王室；

第四，可以将庞大的殷商遗民群体分而治之。

因此，西周在近300年的王朝历史上，曾经多次分封诸侯。其中，周公辅政成王时期的分封规模和影响最大。

西周通过分封诸侯，将建立地方政权与巩固王朝统治有机地结合起来，稳定了少数关键群体的人心，形成了一个稳固的政治基础，使周天子成为天下共主，建立了一个真正意义上的"家天下"。

然而人群分出了复杂的等级之后，王朝如何才能长久地维持住等级社会的秩序和天下的长治久安呢?

　　在分封的同时，周公旦还有更深的忧虑和思考。为了从根本上解决问题，周公从人心与人性出发，制定了一套与封建制度相配套的十分高妙的礼制——或者叫礼乐制度，充分发挥出文化的力量，编织出一个规范政治和社会生活方方面面的弥天大网，不仅使周成为中国历史上历时最久的一个王朝，而且即便到了天下大乱的战国时代，也没有诸侯敢轻易地取而代之。其中的智慧之高妙，正如王国维先生所言："乃出于万世治安之大计，其心术与规模，迥非后世帝王所能梦见也。"用众多中外历史学家的话说，从此以后直到清代末年，中国社会的发展只有量变，没有质变。

第四章

制礼作乐

　　为了巩固政权、统御天下，西周通过宗法分封制建立了一个金字塔式的等级社会。王朝之下，不仅等级繁复，而且社会关系十分复杂。诸侯与王室之间的关系，有的是宗亲，有的是姻亲，有的是功臣，有的是归附的外人，有的是被征服的对象，有的是先贤后裔。各诸侯国的国情、民情、文化和发展的程度也不相同。在这样的情形下，王朝亟待规范秩序和保持和谐，但又不能用一刀切的严刑峻法来解决问题。建立一种易于被社会各个层面理解和接受的制度来教化和治理天下，成为西周王朝的当务之急。

　　这时，辅助成王的周公又做出了一项名垂青史的贡献——制礼作乐。这不仅解决了西周的治理问题，而且深深影响了后世中国。在此过程中，周公旦塑造了中国传统文化的内核——礼，确立了礼制的根本原则和指导思想——尊尊亲亲。周礼后经儒家不断完善，形成了一套以德治国、德化天下的政治制度，"合天子、诸侯、卿大夫、士、庶民以成一道德之团体"（王国维语），奠定了中国文化的走向。无论什么时候，我们要想理解中国人和中国文化，明白中国社会的秩序与机理，甚至展望中国社会的未来，都需要回望西周，梦续周公。

那么，周公是如何制礼作乐的呢？

一、制礼作乐

周公旦参与和目睹了周革殷命的全过程。殷商，一个曾经多么强大的王朝，顷刻之间就土崩瓦解了。这难道就是天意吗？如果是，那么天为什么会做出这样的选择？殷商为什么会失去上天的宠爱？而新生的周政权又如何才能得到天意永顾呢？

作为一位政治家，周公旦不能不深入地思考这些问题。《尚书·无逸》中记载，周公深入分析了历代商王和周的先王们的为政之道。他发现，商王朝前期的那些王亲民、惠民、有德，国家就昌盛，国君自己也享国日久；而后来的商王好逸恶劳、不亲民、失德，国君享国日浅，国家也走向衰败。反观周这边，太王、王季、文王这三代先王谨慎、谦卑、勤劳、亲民，所以他们自己享国日久，周也因此而兴盛。周公由此得出结论：王朝兴于有德，亡于失德，而有德与失德，又通过民达于天。于是他给出对策：以德治国。前面我们曾经提到过一件西周的青铜器何尊，它上边的铭文中还有一个与以德治国相关的词——

"恭德裕天"。据说何尊上的这个"德"字，是迄今为止发现的第一个带"心"字底且被确定为"道德"之意的"德"字。

那么，怎么实现以德治国呢？

周公旦想到的办法就是制礼作乐。

什么是"礼"？礼又是如何落实以德治国的呢？

礼的发源很早。"礼"字早在甲骨文中已经出现了，《说文解字》注释说："礼，履也。所以事神致福也。"说明"礼"最初只是人们祭祀鬼神、祈求福祉的仪式。而周公借了它的形式，淡化了它"事神致福"的原意，将天下人都要做的祭祀这一类的事情升华改造成了不同等级身份的人应该遵行的礼仪。

周公制礼，最先是从制定王朝的官制开始的。《史记·鲁周公世家》记载："成王在丰，天下已安，周之官政未次序，于是周公作《周官》，官别其宜，作《立政》，以便百姓。百姓说。"《周官》详细制定了周王朝的官制，后来被称为"周礼"。

在周公的主持下，西周吸取了夏礼和商礼的内容，以"尊尊""亲亲"为基本指导思想，制定出了一套内容非常广泛的典章制度和礼节仪式，大到国家的政治制度（包括宗法、分封、官制和国家重大活动的制度礼仪），小到民间生活（包括婚姻、丧事、成人礼仪、祭祀活动和个人日常行为），都被纳入其中。

周公的礼制还包含了歌、舞、乐一体的乐教，即乐的教化和制度。

中国古人很早就发现，乐有很强的感染力，让人闻声而心从，润物有声，可以寓教于乐，移风易俗。所以周代之前，已经有很多传统的乐舞了。

为了体现"国之大事，在祀与戎"和"礼乐征伐自天子出"，周公经过整理和规范，将不同的乐舞用于不同的礼仪场合：黄帝之乐《云门大卷》用于祭天神，尧之乐《大咸》用于祭地神，舜之乐《九韶》用于祭四望，禹之乐《大夏》用于祭山川，商之乐《大濩（hù）》用于祭先妣，周之乐《大武》用于祭先祖。这些乐舞合称"六大舞"，它们都是有内容情节的，有一点像现在的大型音乐舞剧。此外，还有所谓的"六小舞"——《帗（fú）舞》《羽舞》《皇舞》《旄舞》《干舞》《人舞》。这些是单项的技巧性的乐舞，是西周统治集团用来教育贵族子弟的乐舞教材。六大舞和六小舞都是起教化作用的乐舞作品。

《诗经》是西周及其之前的音乐作品，分《风》《雅》《颂》三部分，分别用在各种不同的礼仪场合。比如两国国君见面就用《雅》中的《大雅》，而《颂》则用于周王室和贵族的宗庙祭祀。《诗经》原来包含了音乐、舞蹈和歌词三部分，后来音乐和舞蹈部分失传了，只沉淀下来歌词的部分。

礼和乐是相配套的。礼的实质是对人和整个社会的行为进行规范，体现等级差异；乐则是仪式的一部分。

西周贵族阶层过着钟鸣鼎食的生活，礼乐等级体现在食乐器物上。比如天子用九鼎八簋，诸侯用七鼎六簋，卿大夫用五鼎四簋，以此类推。悬挂乐器的时候，天子之乐用四悬，就是在大厅的东南西北四面都悬挂乐器；诸侯是三悬，就是东面、西面和北面三面悬挂；卿大夫是两悬，只在东面和西面两面悬挂；士是一悬，只有在东边悬挂。舞蹈也是分等级的。天子享用八行八列的八佾之舞，诸侯六佾，大夫四佾，士二佾。

为了保证这种礼乐制度深入人心，周王朝还建立了一套十分完备的教育制度。教育机构分为王朝和乡遂两大部分，相当于我们今天中央直属学校和地方学校。王朝的教育有小学与大学两个阶段，负责教太子和贵族子弟们读书；乡遂教育则只有小学。学生6岁起就开始居家学习，相当于学前教育。8岁至20岁上小学，小学学习一般的常识。20岁至30岁是大学时代，就是系统的知识性学习和实践养成教育。教育和生活结合得十分紧密，教育的主要内容就是礼。我们试想，一个人从小就在这样的环境中熏陶和长大，对礼教入脑入心、习以为常，基本上一辈子也干不出什么太出格的事儿了。

周公制礼作乐，以礼治外、以乐治内，将整个王朝的治理都纳入其中，可见其思想的深邃与高明。

那么周公所发起和建立起来的"礼"，其体系大致是怎样的呢？

二、礼的模样

周公旦发起和主持了制礼作乐，再经过后世儒家的拓展和完善，"礼"终于成为一个庞大的文化和制度体系。

礼的思想理论、基本制度和基本知识，被归结在三本书里面，即《周礼》《仪礼》和《礼记》。

《周礼》体现了以人法天的理想纲领。《周礼》是官制，也可以说是一部通过官制来表达治国方案的著作。从其中六官的设置与分工，我们就能体会到以人法天的思想。其中，天官主管宫廷，地官主管民政，春官主管宗族，夏官主管军事，秋官主管刑罚，冬官主管营造——天、地、春、夏、秋、冬"六官"，象征的是天地四方六合，职责涉及社会生活的所有方面，而且意象对应清晰，让人容易理解，还能借天道来教化人，来强化"尊卑有序""尊尊亲亲""安分守己"的秩序和意识形态。所以台湾哲学家方东美就说：《周礼》是最完备的一部宪法，如果国家用《周礼》来治理，那必定是天下大治。

《仪礼》给出了覆盖社会生活方方面面、贯穿人们从生到死的仪礼，是儒家经世治国的一部煌煌大典。

《礼记》则是阐发礼义的妙语集萃。其中很多是孔子和其他儒家大师传播礼、阐释礼的记录，文字生动，富有哲理，闪烁着思想和智慧的光芒。比如，"天下为公""大同""选贤与能"等理念就出自其中。《礼记》对于人们深刻准确地理解"礼"具有重要的引领作用。

礼的具体内容十分广泛，名目繁多。按照《中庸》的说法是："礼仪三百，威仪三千。"说明"礼"深入到社会的每一个层面。

首先，礼包揽了国家政治制度，包括宗法、分封、官制等等，这些前面我们已经说到；

其次，礼包含国家重大活动的制度礼仪和社会生活礼仪，主要分为吉、凶、宾、军、嘉五礼。吉礼是祭祀之礼。古人祭祀是为了求得吉祥，所以称作吉礼，祭祀的对象包括天神、地祇、人鬼这三类；凶礼是救患分灾的礼仪，包括荒礼和丧礼两大类；军礼是征战和军事训练之礼，其中最重要的叫大师之礼，是天子亲自出征的礼仪；宾礼是天子和诸侯接待宾客、国际交往的礼仪；嘉礼是个人成长和社交之事的礼仪，包括冠礼、婚礼、射礼和饮酒礼等。

除了公共礼仪，人际交往中的礼尚往来和礼貌言行，以及书信交往中的彼此称谓、问候、谦辞等，都在礼的范围之内。比如古人见面的时候要行礼，这在不同的情境下、对不同的人是各不相同的，由轻到重大致可以分作站立礼和跪拜礼两大类。站立礼又分为四种：一是拱手——双手抱拳，略致敬意；二是作揖——双手抱拳，身子前倾，手臂往前再往下，略做停顿，表达致敬或者是致贺的意思；三是长揖——双手抱拳之后，手臂高举，然后比较大幅度地往下作揖；四是打躬——大幅度地弯腰鞠躬，同时作揖。跪拜礼也分四种：一是长跽——面向着对方跪着，把身子直起来；二是空首——面向对方跪着，手触地，上身弯曲，头触手而不触地，一般是作为上对下的跪拜礼的还礼；三是顿首——面向对方跪下之后，头迅速地轻轻碰一下地就起来，这个多用于下对上，有时候平辈之间见面也用；四是稽首——这个是最隆重的礼，行礼的人屈膝跪地，然后左手按住右手，抚在地上，头也缓缓触地停留一段时间，多用于臣子拜见君王。

可以说，周公制礼就是给整个社会和生活在其中的每一个人写好了一个大剧本。在这场演出当中，每一个人会不断地强化和认同礼制，强化、认同他人和自己的角色身份，社会也就因此而形成了井然的秩序。

那么，如果有人"出戏"了怎么办？

一靠舆论监督，二靠刑罚惩治。

礼制建立之后，礼与非礼就成了判断是非的标准。"出戏"的人首先会受到舆论的监督。比如《左传》中就记载了一个鲁隐公观鱼的故事，说鲁国的国君鲁隐公有一天要到离国都很远的棠地去看鱼玩，他手下的臧僖伯就劝他说：各个层次的人都有自己该干的事，您一个国君一个诸侯放下自己该做的事情，跑那么远去看鱼玩不合适。鲁隐公还是坚持去看了。于是《春秋》就把它记下来，并且在最后评述说："书曰，'公矢鱼于棠'，非礼也。"

在社会中，对于非礼的初犯和轻犯，首先会给予教育。如果教育还不管用的话，就用上一种"耻刑"。听着很吓人，其实很简单，就是在公众场合放一块石头，让犯规的人站上去，过往的人一看就知道这人违礼了。通常情况下，被罚的人都会以此为耻，而后思过改过。来往的人看到了也都会引以为戒。

如果耻刑再不管用，怎么办？那些累犯、重犯怎么办？还有墨、劓、刖（刖）、宫、大辟等五刑和流放等刑罚在等着制裁他——墨刑就是在脸上刺字，劓刑就是割鼻子，刖刑就是砍腿，宫刑就是割生殖器，大辟就是砍头或者腰斩。

这就是"礼"的基本模样。

后世对周公制礼作乐的评价很高，说周公有经天纬地之功。这又是为什么呢？

三、经天纬地

周礼虽然以礼仪的形式呈现，但它绝不只是礼仪。西周时期没有成文法，而周礼其实是具备了法的性质，在那个时候起到了法律的作用。如果我们从文化哲学的高度和历史的角度，以宏阔的眼光来看它，就会发现它的伟大与高明。

第一，它贯通天人，又区别开人与禽兽。

它以"天人合一"的理念作为指导，将天道（比如天地四时和日月星辰的运行规律、呼应关系）作为礼制形而上的根据，就像《礼记·乐记》上说的："礼者，天地之序也。"《礼记》中还有一个篇章叫《月令》，它相当于后世的皇历，逐月记载了日月星辰的运行规律、气象与物候的变迁周期、动物和植物的成长规律，以及社会生活的各种相应规范。比如说，三月的时候，鸟都在发育、交配，不要抓它们、吃它们；树木也正在发芽生长，要封山育林，不要去砍伐它们。这些人与自然的相处之道，也被纳入了礼的范畴。

同时，礼又将人与禽兽区别开来。《礼记·曲礼上》说：

> 鹦鹉能言，不离飞鸟；猩猩能言，不离禽兽。今人而无礼，虽能言，不亦禽兽之心乎？夫唯禽兽无礼，故父子聚麀（yōu）。是故圣人作，为礼以教人，使人以有礼，知自别于禽兽。

这段文字告诉我们：人与动物的根本区别不在生理机能上，而在于有没有"礼"。动物没有婚礼，所以"父子聚麀"，"麀"是母鹿，即父子共有同一个性配偶，所以禽兽永远是禽兽。而人有伦理，懂得同姓不能通婚的道理，制定了婚姻嫁娶之礼，所以人类有文明，能够不断进化。

第二，它贯通人人，又区别开文明与野蛮。

礼的制定，植根于人心与人性，明白人心惟危，也相信人有善端，而且认为普天之下人性相通。礼的制定，就是为了框治人的非分之心、改造人的野蛮性，使其懂得礼、学习礼、遵循礼，从而使人走向文明。礼的概念下，人与人之间心性相通，但存在懂不懂得自我克制、自我提升以及懂不懂得礼敬谦让的区别。就像《论语》说的："君子无所争，必也射乎！揖让而升，下而饮，其争也君子。"民族与民族的划分——也就是所谓的华夷之别——也不是以种族来划分的，而是以礼与非礼，或者说是文明与野蛮的标准。所以韩愈在《原道》中说："孔子之作《春秋》也，诸侯用夷礼则夷之，进于中国则中国之。"也就是说，哪怕是华夏的诸侯，如果它的文化退化，用了夷狄的礼，那我们就把他视作夷狄；原来的夷狄民族如果愿意学习和融入中国的礼制，我们就将其看成中国的一部分。

第三，它贯通人群，又确立准则。

礼把每一个人都置于社会人群之中，并且用仁、义、忠、信、文等合于"德"的要求来帮助其融入社会，使其在社会生活中找准自己的位置，明确自己的角色、责任和义务，懂得如何与人和社会打交道，懂得在各种仪式场合的规矩。比如婚礼应该如何举办，丧服应该怎么穿，对父母应该如何服侍，对尊长应该怎么称呼等。

《礼记·曲礼上》中说：

道德仁义，非礼不成。教训正俗，非礼不备。分争辨讼，非礼不决。君臣、上下、父子、兄弟，非礼不定。宦学事师，非礼不亲。班朝治军，莅官行法，非礼威严不行。祷祠祭祀，供给鬼神，非礼不诚不庄。

这段话不算古奥，很好理解，就是说社会生活的方方面面都必须以礼为准则。礼构建起人与人、人与社会的关系，并规范了人际交往、立身处世的准则。

第四，它贯通官民，又确立秩序。

《左传·僖公十一年》中说："礼，国之干也。"就是说，礼是国家政治的根本和骨干。《左传·隐公十一年》中说："礼，经国家、定社稷、序民人、利后嗣者也。"即礼是治理国家、安定社稷、规范人民、以利后人的大法。

礼贯通了王朝、诸侯和天下臣民，通过国家典则规定了秩序，让全天下人都在朝廷的政权之下秩序井然地凝聚在一起。

第五，它贯通身心，又明确修身之道。

人的身心和谐是社会和谐的前提和基础。而身心和谐是需要修炼的。礼，正是指导人们修身进德，走向身心和谐的指南。在礼的理论框架之下所产生的《论语》《大学》《中庸》《孟子》等书，其主要内容都是在讲修身。

后世中国，"礼"可以说无处不在，礼成为中国传统文化的核心，指引中国人走向文明的路标，成为儒家文化体系乃至所有中国人从个人到家庭、从家庭到家族、从家族到国家、从国家到天下的整个精神生活体系的支撑，也是中国古代一切社会制度和规矩的总称。

周礼虽然也遗留了一些文化糟粕，成为束缚人性和社会进步的包袱，然而从中沉淀下来的"天下为公"的信念、"天下大同"的理想、君子品格的追求以及忠孝仁义等价值观念，对今天的中国乃至于整个人类都有非凡的意义。

所以，说周公制礼作乐有经天纬地之功，也并不为过。

中国有一个举世闻名的县级城市名叫曲阜，那里在2500多年前出了一位圣人——孔子。今天，人们从四面八方涌到那里，瞻拜孔府、孔庙和孔陵，即"三孔"。"三孔"气象宏大、庄严神圣，是历朝历代不断加封和累建的结果，它们几乎就是曲阜的全部精气神。然而，很少有人知道，就在曲阜城东北角一个僻静的角落里，还有个叫周公庙的地方，那里是当年孔圣人心向往之的地方。与"三孔"的热闹相比，曲阜的周公庙门前颇为冷清。不过冷清归冷清，却也有明白人在这里树立了两座牌坊，一座上书"制礼作乐"，一座上书"经天纬地"。这两座牌坊的气派比之于"三孔"中的"金声玉振""太和元气""万古长青"等，实在有点小气，然而仔细琢磨，你会觉得三孔中的那些牌匾赞语未免过于夸饰。相比之下，周公庙里这两座质朴的小牌坊上那两句直白的词句，却更加清晰准确地记录和评价了周公旦对中华文明的丰功伟绩。

如果往文化思想的更深处看去，周公所主导的还是一场引领中国文化早早走出"鬼神崇拜"，走向以人为本的人文文化的深刻变革。

第五章

走
向
人
文

　　周公通过制礼作乐，形成了一套以德治国、德化天下的政治制度，不仅解决了西周王朝等级社会的治理问题，而且深深地影响了后世中国。这是西周在制度层面的设计和作为。

　　透过制度往深层次看去，我们会发现殷周之变不仅发生在制度层面，也发生在更加深刻的思想文化层面。

　　那么，西周与殷商思想文化上最本质的变化与区别是什么呢？

一、殷商的鬼神崇拜

　　今天对殷商时期的考古发现，最为惊人的东西有三个：一是刻着大量文字的甲骨，二是大量器型宏大而精美的青铜器，三是大量的人殉——也就是墓葬中活人陪葬的骨骸。这三样东西，可以分别从不同的侧面体现那个时代的特点。而把这三样东西串接起来看，就能够清晰地体会到殷商时代一个重要的思想观念，那就是鬼神崇拜。

迄今为止，河南安阳的殷墟遗址中已经出土了十余万片刻有文字的甲骨，其中绝大部分是商朝后期的遗存。这些甲骨上刻写的几乎都是占卜的文字，也就是卜问吉凶的文字。那他们是向谁卜问呢？——向鬼神！

商人相信鬼神的存在。商人所信的鬼，就是他们死去的先人；商人所信的神，就是死去的先人当中有大贡献和大威望的人。商人相信，人的灵魂不死，死去先人们的灵魂一定还存在着，而且有着预知和掌控人世间事情的神秘能力。所以商人在做重要的决定之前，常常都要卜问一下鬼神。

例如，有一片被称为最古老的"天气预报"的甲骨文，上面刻写着商人卜问天气的卜辞："癸卯卜：今日雨？其自西来雨？其自东来雨？其自北来雨？其自南来雨？"癸卯日这一天卜问鬼神：今天有雨吗？如果有的话，雨从东南西北哪边来呢？

还有一片卜问战争的甲骨，上面刻写着卜辞："辛未卜争贞：妇好其比伐巴方，王自东探伐，戎于妇好立？"卜辞的意思是说：妇好等人要去征伐巴方，王亲自从东边探索前进，敌人会陷入妇好的埋伏吗？这个妇好就是商代一个著名的女战神，是商王武丁的妻子。

这样的卜辞在甲骨上刻写好之后，再用工具灼烫甲骨，通过观察甲骨受热之后开裂的纹路来判断吉凶和对错，以之作为决策的依据。

商代的青铜器量大精美，体现了商代发达的青铜技术，其中有很多是酒器、祭祀用的礼器和陵墓中的陪葬品。酒器反映了商人好酒的风气，礼器和陪葬品则体现了商人对鬼神的虔诚侍奉，礼器和陪葬品中也基本都是食器、酒器、水器、乐器等生活用品。也就是说，商人侍奉鬼神如同他们活着时一样，给他们提供用品，而且这些用品都非常的精美和壮观。

比如著名的后母戊鼎，其高 133 厘米，口长 110 厘米，重 832.84 千克，是商王文丁为祭祀他的母亲"戊"而制作的大型礼器。它气魄沉雄，器形凝重，纹饰华美。内壁上刻有三字铭文"后母戊"，鼎也因此而得名。后母戊鼎是中国历史上现存最大的青铜器。

再比如妇好墓中出土的"三联甗"。甗一般是单体的，下半部用来盛水和烧水，中间有一个箅子，上面放一个锅，类似于我们今天做米饭、蒸馒头的锅。而这个三联甗比一般的甗还要高级和华贵，它是三个甗连接在一起的，而且做工相当漂亮。三联甗现在也是国宝级文物，收藏于中国国家博物馆。

这样一些活人都不得享用的大型精美青铜器，商人（商朝人）都用来敬奉鬼神。

用活人殉葬是非常野蛮和残忍的葬礼，但是商代却十分盛行。在当时，王和贵族去世之后都要用很多活人来殉葬，或者是直接活埋，或者把脑袋砍下来整齐地摆放在墓主人墓室的周围。在河南安阳殷墟有一片王陵区，里面发现了十几座墓葬，都有大量的人殉骨骸。其中有一座大墓里面可见杀殉的达数百人。杀殉这些活人，是希望墓主人死后依然能有人跟着去服侍。

无论是甲骨文卜问鬼神、青铜器祭祀鬼神，还是杀殉服侍鬼神，都清晰地反映出殷商的鬼神崇拜。商人深信：只要恭敬地崇拜鬼神，就一定会得到鬼神的保佑。

商人所崇拜的鬼神是统治者自己的先人；反过来讲，被崇拜的鬼神所保佑的也是他们的子孙。商人将死去的先王称作"上帝"，将人世间还活着的王称为"下帝"。"下帝"和他的统治集团祭祀祈祷"上帝"，而"上帝"保佑的是"下帝"及其统治集团。这个交易只会发生在"上帝"和他的子孙之间，而不会普惠天下民众。

这就是商人的鬼神崇拜。

那么，在信仰问题上，周人与商人有着怎样的不同呢？

二、周的天人思想

《礼记·表记》之中比较了商人与周人的不同："殷人尊神，率民以事神，先鬼而后礼……周人尊礼尚施，事鬼敬神而远之，近人而忠焉……"就是说商人尊奉鬼神，带着人民一起去侍奉鬼神，把敬鬼神的重要性放在礼仪之前；而周人崇尚礼仪，崇尚实用，他们也敬奉鬼神，但是敬而远之，反而对于人更加亲近，并且出于真心。

从商到周，为什么在思想观念和社会行为上会发生这样的变化呢？大概有三个方面的原因：

首先，商的灭亡用事实说明了敬鬼神不可靠。

其次，周是一个农业立国的邦国，农业生产对天的依赖，让周人对天十分敬畏。这种由生产方式而形成的对天的敬畏之心，再形而上，天就被神性化为人间命运的主宰者了。那有人可能会问：商与周同处在农业文明时代，而且都在黄河流域，为什么商没有像周那么敬畏天呢？原因是什么？原因是商在农业之外，手工业和商业也很繁荣，商人以贝壳作为货币，善于经商，所以后世将经商的人称为"商人"，因此商人没有像周人那样看重天。

最后，周人在与殷商的斗争中认识到，天意实际又落实于人心。就像《尚书·泰誓》里说的："民之所欲，天必从之……天视自我民视，天听自我民听。"

如此，一个比鬼神——也就是统治者自己先人的灵魂——更抽象而又无所偏私地普照人间的"天"就立起来了。它比鬼神对农业立国的周人更有号召力，比鬼神对天下人也更有广泛的号召力。同时，抽象神性的"天"又与现实中的人联系了起来。周人的基本思想就是敬天保民，从而保社稷、安天下。再进一步升华，就成了高明的"天人合一"哲学思想。

天人合一思想清晰地体现在《易经》中。《易经》正是成熟于西周早期的，而礼制的建立也正是这一时期，这应该不是巧合。思想的发展与制度的建立是相互影响、相互印证的，这是社会发展的内在逻辑。从某种意义上说，《易经》就是一部讲天人关系的书。《易经·贲·象》写道："刚柔交错，天文也；文明以止，人文也。观乎天文，以察时变；观乎人文，以化成天下。"意思是说：阳刚与阴柔交织，是天道的样子；文治教化使人明德知止，是人道的展现。观察天道，可以明察时序的变化；观察人间的道德秩序，可以用文治来教化天下。这里将天文与人文并提，还是汉语中"人文"这个词的出处，其中蕴含了中国古人高妙的哲学思想。

用我们今天的话语来说，西周时期天人合一的思想，就是认为自然是一个大的天地，人则是一个小的天地。人和天——也就是自然——在本质上是相通的。人和人世间的一切生理、心理和社会现象，都是天道的延伸。一切人事都应该顺乎于天，顺乎于自然规律，从而达到人与自然的和谐统一。这就让人不仅要敬畏天、敬畏自然，而且要学习天道，模仿自然的秩序来安排人间的秩序。

《易经》不仅讲天人合一，也讲阴阳和谐，指向人世的时候，就是《论语》中所说的"礼之用，和为贵"。人间的长幼、尊卑、大小、强弱、男女、先后等，都要像哲学化的阴阳一样追求和谐、以和为贵。因此，商代战争频繁，周则禁止诸侯们相互争夺。从历史记载来看，周在成康时期战争的确很少，而且据说四十年间王朝的刑罚都没有派上用场，也就是说四十年间没有人严重违背礼制，社会处于和谐状态。

　　当然了，西周的思想文化和制度不是凭空而来的，也不是殷商文化的断裂式发展，而是在继承夏商又批判夏商的基础上发展而来的。夏王朝经历了大约400年，商王朝经历了大约600年，西周到孔子时代大约经历了500年。孔子回望过去1500年的历史，得出结论说："周监于二代，郁郁乎文哉！吾从周！"孔子看到了文化发展的继承性，也看到了周文化的质变。他喜欢周的文化，还预言说未来百代也会继承周的文化。

　　但尽管是继承中的发展，较之殷商的鬼神崇拜思想，特别是殷商鬼神崇拜带来的残忍嗜血和杀戮，周的礼乐文化显然更加富有温情和人文，发生了质的变化。

　　那么，走向人文的周是如何以文化人、改变天下的呢？

三、观乎人文，以化成天下

　　周能够以"小邦周"克"大邑殷"而得天下，并能定天下近800年之久，与它在思想文化和制度上的创新发展是密不可分的。从西周至清末约3000年，王国维先生回望这3000年之中国，写了著名的《殷周制度论》。他认为，西周奠定了中国几千年文化制度的基本格局。

　　西周的礼制为什么能这么厉害？

　　因为它"以文化人"，或者说它"观乎人文，以化成天下"。上有思想的教化，中有制度礼仪的规范，下有舆论和刑罚的保障，形成了一个浑圆的由虚入实、逻辑严谨的思想文化和制度体系。

首先，它有思想的教化。西周有以《易经》为代表的天人合一、阴阳和合的思想，同时还不排斥敬奉鬼神，更加强调尊尊亲亲。重要的是，这些思想都指向了礼，对不同层次的人都能起到同一指向的道德教化作用。礼，就是西周统治者发现的天下不同邦国和族群之间在社会生活和思想上的一个最大公约数。这一点对于今天我们治理多元化的社会，也有很大的借鉴意义。

对于统治者，以天赋王权来强化其使命感和自信心，又用天道人心来对其加以警醒，明确和强化其敬天保民的思想，这样就影响了统治集团；对于高层次的富有理性思维的人，他们会认同天人合一、阴阳和合等哲学思想，比如老子说的"人法地，地法天，天法道，道法自然"和有子说的"礼之用，和为贵"，这样就影响了整个知识群体；对于那些敬畏冥冥天数和神秘命运的人，《易经》的卜算功能则有很大的影响力，这样就影响了大片不够开化的人；对于崇拜鬼神的人，各种祭祀活动又能把他们纳入礼仪，这一点甚至归化了殷商的后裔；对于重视家族和血缘亲情的人，也会自觉地接受长幼有序的礼教——这一点几乎影响到了所有的人。可以说，几乎所有的人都被教化导向了道德理性，都能从思想上接受礼。

其次，它有制度礼仪的规范。前面讲到，西周制定出了一套内容广泛的典章制度和礼节仪式，仿佛是给整个社会及生活在其中的每一个人写好了一个大剧本。每个人都必须按照剧本，对应自己的角色来出演，不可以"出戏"，因为剧本创作的根本依据是不容置疑的"天道"。

天子有嫡长子继承制，这个不能逾越。虽然后世有逾越者，但所有的逾越者都付出了巨大的乃至于惨痛的代价，背负了沉重的舆论和精神包袱。即便英明如唐太宗李世民，夺嫡上位后也始终兢兢业业、听从劝谏，不敢稍有懈怠的表现，这在相当程度上是由夺嫡的心理阴影所致。

诸侯们必须遵守封建制度，分封之后不能逾越。西周分封时楚国的国君是子爵，楚国开国之君筚路蓝缕，后来经过后代励精图治，楚国终于成了一个足以与中原大国抗衡的强大的诸侯国。这个时候，楚国的国君想抬高自己的爵位，便向周王室请求却遭到拒绝。楚国国君还走关系，通过王室的宗亲帮助去做王室的工作也不行。

土官们该怎么做呢？他们就要像孔子说的那样，"为政以德，譬如北辰，居其所而众星拱之"，按照自己的身份，形成一种秩序。

此外，"国之大事，在祀与戎"。在国家祭祀、战争等大型的活动中，都有严格的制度礼仪规范。天下每一个人从生到死，所有的生活、社会活动和人际交往，都有礼仪规矩。制度礼仪规范所有的人。

最后，它有舆论和刑罚的保障。

自西周起，礼与非礼成为中国人评判是非的重要标准，从天子到庶民都会受到舆论的监督。中国古代有史官秉笔直书的传统，即便是天子的作为，他们冒着被杀头的风险进行纪实，并且要给予"礼"或者"非礼"的评价。

天子、诸侯、大夫们死后，根据他们的表现和性格上的特点，他们会被上一个谥号。活着的时候表现好，就会上一个"文""武""襄""桓"之类的好词作为谥号；表现不好，就会上一个"厉""幽""躁""赧"之类的不好的词作为谥号。这也可以算是舆论上的监督。至于刑罚，之前已经讲过，这里就不再赘述了。

西周王朝就这样建立起了传说中令人向往的礼乐制度和以此为支撑的"和谐社会"，实现了"观乎人文，以化成天下"。史传周王朝从王公贵族到天下庶民都秉承礼仪，同于教化。各种礼仪场合里，人们安分守己，雍容升降，揖让进退，乐声悠扬，载歌载舞，令人神往。所以，孔子一再颂扬周礼之美，并且陶醉在那美丽的乐声之中，"三月不知肉味"。这其中或多或少有儒家学者的美化，但是周王朝至少已经形成过比较清晰的理念框架，进行了一定范围内和一定程度上的社会实践，为后世文明奠定了重要的基础。

回头来看，殷商的鬼神崇拜也是人的灵性的一个体现，不过是人类处于比较低级认知阶段的灵性的体现。鬼神崇拜被文学化，就变成神话；如果经过概念提升，鬼神偶像具象化，被加以演绎和体系化，它就可能升级为有神论的宗教。西方经过了长时间的神话时代，直到中国的战国时期，古希腊才走出神话时代。长期处于神话时代，对于西方神话的灿烂丰富和有神宗教的产生也一定有着酝酿之功。而中国从西周起，也就是公元前1000多年前就走出了鬼神崇拜，进入了人文时代。此后，西方人靠宗教来管理人心、管理社会，靠上帝来管理灵魂，而我们中国人自西周开始就靠道德、礼制和人文了。

西周的礼制自有其高明之处，也因此而对后世影响深远。但世间没有一劳永逸的制度设计，封建、宗法配以礼教的制度设计多年以后也会面临挑战。分封出去的诸侯有自己的（宗室）子民，又有了自己的土地，他们落地生根了。而且多年以后，赖以维系王室与诸侯以及诸侯之间的血缘宗法关系也大大地疏远了，落地生根的诸侯们之间，甚至与王室之间，都回归了自然丛林法则。整个社会都"出戏"了，这使得原本用于维护礼制的"法"的作用被凸显出来，并且发展起来自成体系，与"礼"分庭相抗了。

第六章

骊山之乱

公元前771年，也就是周王朝建立后的第275年，西周第12位王周幽王在一场关于废后和立储的宫廷斗争中被杀死在骊山脚下，直接导致了西周的灭亡。作为末世之君，周幽王当然对王朝的覆灭负有不可推卸的责任。然而，"冰冻三尺非一日之寒"。西周的覆灭，难道仅仅就因为一场看似偶然发生的骊山之乱吗？

一、骊山之乱与平王东迁

骊山之乱的故事众所周知。简而言之，就是周幽王宠幸美人褒姒，废掉了原先的王后申后，进而废掉了申后所生的太子宜臼，而将褒姒所生的儿子伯服立为了储君。这件事情伤害了申后母子及其母国申国的政治利益。为了夺回宜臼的王位继承权，申国联合犬戎部落发动了叛乱，将周幽王杀死在骊山脚下。

这件事情当然首先要归咎于周幽王的任性，归咎于他对嫡长子继承制的破坏。嫡长子继承制是西周宗法制度的核心，确立这一制度的目的，就是为了避免王室内部的权力之争给王朝带来的灾难。西周的十几位王基本上都是遵循这一制度产生的，只有第 8 位王周孝王是个例外。他本是前一位王周懿王的叔叔，懿王死后，太子燮懦弱，孝王夺取了王位。但在周孝王死后，诸侯们还是拥立了燮，继续捍卫了嫡长子继承制。这一制度的坚持，无疑对西周长达 270 多年的统治发挥了作用。到周幽王的时候，他要破坏制度，废嫡另立，结果就导致了骊山之乱。

事情看起来很简单，但是《史记·周本纪》却用了很大的篇幅来讲骊山之乱，而且讲述得扑朔迷离，甚至有些荒诞离奇，给后人留下了阅读的趣味，也留下了很多的疑惑。其中最令人疑惑的地方，就是烽火戏诸侯的故事。《史记》说褒姒是个冷美人，不爱笑。为了逗褒姒笑一笑，周幽王居然点燃了边关报警的烽火，骗得诸侯们都带着军队赶来御敌，赶到之后却看不到敌寇。褒姒看了，哈哈大笑。幽王很高兴，又多次点燃烽火，召集诸侯军队来逗褒姒开心。几次三番过后，诸侯们即便看到烽火也不来了。然而，据专家考证，烽火设置最早起于汉代，如果这个考证属实的话，那这个故事一定是编排的。而身处汉代早期的大史家司马迁能不知道烽火设置的时间吗？那他为什么又要采信和记录下来呢？

我想，要理解司马迁，我们首先要知道两件事：一，骊山之乱是由周幽王废嫡另立而起，而司马迁时期的当朝皇帝汉武帝也是他的父亲汉景帝废嫡另立而上位的；二，司马迁是一个秉笔直书的史家，他对汉武帝之前的汉家皇帝，除了汉文帝之外，几乎都没有留情面，仔细看都有很多不堪的揭露。对此，汉武帝当然是心知肚明，甚至心怀怨愤，否则怎么会仅仅因为司马迁替战败投降的李陵辩护了几句就要置他于死地，最后还施以残酷和极尽侮辱的宫刑？而司马迁的刚直不阿之志又不可能被剥夺。因此，他与汉武帝之间的关系非常微妙，彼此明白。

所以我大胆地猜测，司马迁在记录"骊山之乱"这段历史的时候，或许真的希望人们能把周幽王的废嫡另立与汉武帝的上位联想一下，所以他佯装不知，写了子虚乌有的"烽火戏诸侯"，让人们在疑惑之中将当朝与西周的往事联系起来，用春秋笔法让人们体会到他对汉家帝王的褒贬深意。

司马迁浓墨重彩地写了骊山之乱，却对接下来周平王如何夺回王位以及选择东迁的前因后果，省去了大量的历史信息。而这一段恰恰是继周幽王破坏嫡长子继承制之后，他的儿子周平王及其拥立者们进一步败坏朝纲、政治交易，致使王室的实力、地位和权威彻底败落的历史，是西周王朝最为不堪的一段血泪史。

被《史记》省略掉的一个重要细节，就是周平王被申国等诸侯拥立为王的同时，还有一位王室成员——周幽王的弟弟余臣也被另一帮诸侯拥立为王了，后世称之为"携王"。周在这一时期，有一个短暂的"二王并立"的局面，而不是骊山之乱一结束，周平王就顺理成章地登上了王位这么简单。甚至"二王并立"的初期，周平王这一方还多方面处于下风，经过一番激烈的政治博弈之后，才赢得胜利，回归正位。

从道义上讲，虽然宜臼是嫡长子，且周幽王废嫡另立在先，但毕竟宜臼是联合犬戎弑君夺权的。犬戎作为外族介入，为的只能是钱财、美女和土地，如果不是宜臼和申国给犬戎承诺了这些好处，犬戎为什么要来与周幽王兵戎相见？可见，宜臼作为儿子，申侯作为臣子，为了争夺一家之主的位置和自身的政治利益，居然拿家里的钱财、美女和土地去买凶杀父，这无论如何都说不过去。买凶杀父、造反夺权，这个事实是宜臼及其拥立者们自坏礼法的一个无法洗清的大污点。

接下来，在与携王一派的斗争中，申侯或者说平王这一派又故技重演，给诸侯们许以巨大的利益，大慷王室之慨，把王室的财富和政治资本大把大把地输送给了诸侯们，赢得他们的转向和支持，甚至导致了晋国对携王的杀害。在这场博弈当中，秦国和郑国被封为诸侯了，卫被提升为公爵，都捞得了政治资本。秦、郑、晋等国都大大地拓展了势力，赚得盆满钵满。而夺回了王位的周平王几乎败光了王室在镐京的家业，彻底丧失了政治权威，成了一个任由强势诸侯们操控的傀儡。

经过骊山之乱之后，周王室手中似乎只剩下了东都洛邑。而各路实力派的诸侯从他们自身的利益出发，也齐心协力要把周天子给迁到东都洛邑去。秦国送走天子，它可以得到岐山以西大片土地的所有权；郑国和晋国则要把周王置于自己的掌控之中。于是平王东迁就顺理成章，成了一个重要的历史节点。

关于这一段历史，今天我们只能从《国语》《竹书纪年》等书当中断断续续、隐隐约约地看到零星的信息。对于这样一段重要的历史，司马迁为什么没有记述，这一点让后人感到疑惑。

当然，骊山之乱这段历史带给人们的疑惑还远不止于此。

二、昔日王师今何在?

对于王朝而言，军队无疑是最为重要的支撑。在武王伐纣的时候，周人就已经建立了一支十分强悍的军队，史载有"戎车三百乘，虎贲三千人，甲士四万五千人"。平定"三监之乱"后，周的军队规模更是空前。据青铜器铭文记载，当时驻扎在镐京的西六师和驻守在成周的殷八师，合计有 14 个师的王室军队。此外还有大量的族兵——也就是族长和诸侯们的宗族军队——有听从王命征战的义务。因此，西周早期王室兵威甚重，诸侯四夷莫能敌之。

那怎么到了周幽王的时候，王室竟然无力自保了呢?

与整个王朝的国势相伴，西周的军事力量也经历了一个由盛而衰的过程。顺着时序有三次比较大的征战可以看到，王室的军力一路走衰。

第一次是周昭王伐楚。西周早期，王室军力强悍，一直在对外扩张。到第 4 位王周昭王的时候，周军曾经数次向南伐楚。这个时候周昭王所伐的楚，并不是后来发展起来的芈姓子爵楚国，而是西周时期与芈姓楚国并立在楚地的楚蛮，又称楚荆。周昭王十九年（公元前 977 年），昭王亲自率领西六师南征。由于史料不详，也可能是周王室的记载讳莫如深，这一次的行军路线和具体过程我们很难弄清了。开始的时候十分顺利，而当周军回师汉水的时候，却遭遇了楚荆部队的顽强抵抗，又遭遇了异常的天气，几乎全军覆没，周昭王本人也死于汉水。这是周王室的军队第一次遭受惨败。

第二次是周厉王南征鄂国。鄂国立国很早，原来在南阳盆地，后来迁到了今天湖北的鄂州。鄂国本来与周王室非常亲密，但是在西周第 10 位王周厉王的时候，鄂国与淮夷结盟，对周围的邦国大打出手，甚至向周的腹地大举侵犯，惹恼了周厉王。周厉王就派出王室的主力西六师和殷八师共同出击，而且下命令说"勿遗寿幼"，不分老少，格杀勿论，然而没有成功。也就是说这个时候，王室军队的主力也没有打过鄂国和淮夷的盟军。这时，周厉王不得不借助武公，派武公手下一名叫禹的将领率领武公的族兵出击，才打败了鄂国，擒获了鄂侯。可见这个时候，周王的军力已经大不如前了，战斗力甚至有可能不如某些贵族的族兵。

第三次是周宣王与姜戎的千亩之战。到西周末期，王室已经衰微了。第11位王周宣王进行了一些改革，在他执政的早期，王室又出现了短暂的中兴。宣王三十九年（公元前789年），周王室的军队在一个叫"千亩"的地方（应该在镐京南面不远）与姜氏之戎打了一仗，结果王师大败，《国语》记载"丧南国之师"。这里的"南国之师"具体指哪些军队已难以考证，估计可能是成周八师当中南部的各师。可见到这个时候，即便是对付都城附近的姜戎，王室的主力部队也打不过了。

周王军队的士兵是按户籍征调的，一般每户人家征调一人来服役，因此军队的数量与王室控制的人口数量关系密切。《史记·周本纪》就记载说，千亩之战大败之后，周宣王"料民于太原"。"料民"就是重新调查核实户口，以便扩充兵源，征收赋税。到西周末期，王室控制的人口数量已经大不如前，王室甚至对自己能控制的人口还有多少都不清楚了。

西周王室的军力就是这样一路走衰。等到末代君王周幽王在位的时候，王室已经无兵可用，面对叛乱，连王也无力自保了。而军力的衰竭，根本上还是国力衰微所致。那么西周王朝是怎么由盛转衰的呢？

三、兴也分封，亡也分封

相比于商，西周的礼制无疑是一次飞跃。它有天人合一、阴阳和谐的哲学思想和敬天保民、尊尊亲亲的政治思想做指导，有覆盖了从王公贵族到庶民百姓，贯通了人从生到死全过程的礼仪制度体系，从鬼神崇拜走向了更富温情的人文，不仅保证了周代几百年的相对稳定，而且深深地影响了后世中国。

然而世间没有一劳永逸的制度设计。任何一种制度设计，有其合理的一面，就一定有它的弊端。当制度与社会发展相适应的时候，它的优势就会发挥出来；而随着社会的发展变化，当制度不再适应社会实际的时候，它的弊端就会显现出来。西周的制度也是一样。尽管西周的宗法分封和礼乐制度充满了智慧，但社会总是在不停地发展，西周也因此而经历了一个由盛而衰的轮回。

西周王朝最重要的制度就是宗法分封制。纵观西周的历史，可以说其兴也分封，亡也分封。

西周早期，宗法分封制帮助王室迅速巩固了政权，统御了天下。但是它也埋下了衰亡的伏笔，因为宗法分封制使得王室要始终面对和处理 3 对关系：一是王室与京畿之内的贵族官员们之间的关系，我们姑且称之为王官关系；二是王室与分封于各地的诸侯们之间的关系，我们姑且称之为王侯关系；三是王朝与蛮夷戎狄之间的关系，我们姑且称之为华夷关系。这 3 对关系决定着王室的权威和王朝的稳固，而随着社会的发展变化，这 3 组关系不是静态的，它始终处于发展变化之中。而且宗法分封制决定了王室无法在长期发展中处理好这 3 对关系，也就是说这 3 对关系的强弱易位乃至于破裂，都是宗法封建制的必然宿命。

下面我们就来逐个分析一下。

先看看王官关系。京畿之内，天子脚下，围绕在王周围的这些贵族官员是维护王权的第一圈层，王室必须赢得并始终保持住他们的忠诚，除了礼乐教化之外，物质上的赏赐是必须的。也就是说，以赏赐换忠诚是王与身边这些人的常态。赏赐无非就是财物、土地和人民。王朝初期，周革殷命，荡平天下，使得王室财产丰富，京畿之地也十分阔绰，王可以大大方方地赏。但是京畿和王室不是取之不尽的聚宝盆，原来属于王的财富、土地和人民，逐渐都归于身边这些贵族官员了。虽说"普天之下，莫非王土"，可是当王真正要用的时候，就会发现它们已经易主了，不那么好支使了。如此持续到了西周的后期，王自己真正能支配的财富、土地和人民已经很少了，相反身边的人都富起来了。所以到了周厉王执政的时候，他就开始与身边的这些贵族官员争夺利益，惹得这些人老不开心，他们就起来造反，把周厉王赶跑了，让他终老在外地，而且还给他扣一顶帽子，说他"与民争利"。周厉王本来是想把财富和权力夺回来，于是反对的声浪高起。周厉王脾气又暴躁，不愿意听反对意见，于是又被扣以"防民之口，甚于防川"的帽子。但是他又有什么办法？后来周宣王也努力进行了一些改革，但是一改革就触及那些贵族官员的利益。积重难返，王室改革中兴的奢望只能以失败告终了。

王室身边的贵族官员中，有相当一批是当年跟随周革殷命打天下的姜姓部族。因为王朝分封诸侯的时候采取的是宗法分封，多数诸侯都是王室姬姓，姜姓受封的很少，很多姜姓功臣都被留在了王的周围，成了王身边的权臣。这些人逐渐与王室离心离德，气得周宣王将一部分姜氏部族贬为戎了，而不把它视作华夏民族了。后来的"千亩之战"，就是王室与姜戎之间的战争。王室大败之后，又不得不调整与姜戎的关系，以至于周幽王迫不得已娶了姜姓的申国女子为王后。姜姓的贵族们对王室的干政也很严重，所以年轻气盛的周幽王就讨厌申后，不惜破坏嫡长子继承制度也要废掉申后，剥夺她所生的嫡长子宜臼的太子之位。由此，王与身边的贵族群体——特别是姜姓贵族群体——彻底地撕破了脸皮，给王朝带来了灭顶之灾。

我们再来看看王侯关系。宗法分封制分封的多数都是王室姬姓诸侯，还有些异姓的姻亲诸侯，他们在当时是王室最靠得住的人。早期王与这些诸侯之间因为亲情联系，关系还比较紧密，但是几代世袭之后，彼此的亲缘关系就自然疏远了。诸侯们落地生根，枝繁叶茂，不仅彼此之间弱肉强食，与王室的分庭抗礼也就成了必然。所以宗法分封制管得了一时，管不了永世，它也早就给王与诸侯之间埋下了离心离德的种子。

最后我们看看华夷关系。王朝建立之初，王官和王侯之间都很亲和。团结就是力量，所以王朝自然是强大无敌，王朝周边以及生存于王朝缝隙之间的那些异族对王朝构不成威胁。但是随着王官、王侯关系的疏离，王室逐渐地失去威信，王朝日益变成了一盘散沙，卧榻之侧的异族自然就失去了制约。西周与蛮夷戎狄之间的实力对比就此消彼长，非比当初了。

由此可见，西周的发展的确可以说是"兴也分封，亡也分封"。骊山之乱和平王东迁是西周的尾声。此后，王室威信尽失，礼崩乐坏。

如果说骊山之乱是由王室自坏礼法而引起的，那么紧随其后的诸侯们又是如何表现的呢？

第七章

射王中肩

骊山之乱前后，周幽王、周平王父子的作为以及西周王朝惨淡的结局，让人们看到了礼制对于王的制约是非常乏力的。

那么礼制对于诸侯的制约又如何呢？面对变化的世界、变化的诸侯实力，礼制是否能够维护住王朝的权威和政治秩序呢？

我们来看看一个王室宗亲诸侯，一个被封为伯爵还担任了王朝司徒的诸侯——郑国是如何尊崇礼制的。

一、春江水暖鸭先知

郑国的开国之君是郑桓公，名友。他是周厉王的小儿子、周宣王的小弟弟和周幽王的小叔叔，绝对是王室宗亲。周宣王在位的第 22 年，封友于郑，封地在今天陕西的华县。《史记》上说，友在那里经营了 33 年，老百姓都很喜爱他。

周幽王即位之后，任命友担任了司徒。周代的司徒掌管国家的土地和人民，负责按人丁户籍来分配田地以及组织人民迁徙和征发劳役，权力很大。友做司徒也很能干，使得百姓和睦，朝廷也很有凝聚力。据说黄河和洛水流域的人们都很感念他。

但是周幽王即位一年之后，王的问题逐渐地暴露出来了。特别是周幽王宠爱褒姒之后，朝廷里面的政事就越搞越邪门，诸侯当中有人开始反叛了。

作为王朝地位最高的官员之一，司徒友预感到了王朝的危机。他竟然向太史伯请教说："王室多故，予安逃死乎？"意思是："现在王室的问题很多，我怎么才可能死里逃生呢？"一位王朝地位最高的官员，而且是一位有担当、有作为、颇受百姓拥戴的官员，居然问出这样的话来，可见周王朝的问题一定是积重难返了，礼制已经面临着严重的危机。

太史伯很有见识，他给友支招说："独洛之东土，河济之南可居。"洛水以东、黄河和济水以南，也就是今天河南新郑这一带。友问为什么，太史伯告诉他："那一带邻近虢国和郐国，虢国和郐国的国君都很贪婪，好占小便宜，所以那里的百姓都不服他们。现在您是司徒，百姓都拥戴您，如果您请求迁往那一带，虢国和郐国的国君看到您正在当权，一定会爽快地给您分土地。您如果真的住到那里了，虢国和郐国的百姓迟早都是您的百姓了。"

应该说太史伯的这个建议相当高明，为郑国做了长远的谋划。他告诉友赶快利用自己当前的权势去那里立足，而后再靠仁德和智慧谋夺那里的百姓和土地，在那里做强做大。但是友大概有些顾虑，因为虢国毕竟是姬姓的宗亲，这样去谋取，面子上下不来。所以，他又跟太史伯说："我迁到南边的长江流域去，您看怎么样？"太史伯当即反对说："过去祝融替高阳氏掌管火，功劳很大，他的后代在周朝没有兴盛起来，楚国就是他的后代。周王室衰弱，楚国一定兴盛。楚国兴盛了，对郑国绝对没有好处。"

太史伯看得很明白，长江流域现在已经是人家楚国的天下了。楚国人因为周王朝一直压制着他们，对姬姓也就绝对不会友好。随着周的衰落，楚国会兴起。如果迁到长江流域去，必然没有前途。

友听明白了，长江流域肯定是去不得了。他又问："如果迁到西部去，您觉得怎么样呢？"太史伯回答说："那里民风不好，人们贪婪好利。在那里不得安宁，难以久居。"

向南、向西走都行不通，往北又是戎狄的地盘，不在友的考虑之列。看来唯一可取的也就是洛水以东、黄河和济水以南，那里才是生路。

友又问：将来周王室衰弱以后，哪个国家会兴盛呢？太史伯非常明确地回答：齐、秦、晋、楚四国，东、南、西、北各一个。接着，他还分析了原因。友这会儿彻底弄清楚了：往东、南、西、北走都没有前途，挺进中原是他唯一的出路。

于是友急忙向周幽王请求，把郑国迁到了洛水以东。

虢国和郐国的国君果然向他贡献了十座城邑，友就在那里建立了新的郑国。

这个新郑的地理位置非常特别，其地处中原，靠近东都洛邑，也处在未来四个强大国家之中。后来郑国正是按照太史伯的策略，不断地鲸吞虢、郐两国，不仅如此，还不断劫掠周边的各国。

春秋早期的诸侯争霸，实际是由郑国率先拉开的序幕。但是后来随着齐、秦、晋、楚四国的不断强大和扩张，郑国的战略地位却又成了一个大麻烦。在强国的夹缝之中，郑国反复地遭受打击，饱经战乱，这是后话了。

位居司徒的王朝宗室贵族郑伯友春江水暖鸭先知，预感到了山雨欲来，所以他率先暗地里谋划了自己国家的出路，将他的宗室人员都迁往了新郑。他自己倒是也算尽责，一直身在朝中。在骊山之乱中，他为了勤王而同周幽王一起被犬戎杀死在骊山之下。

骊山之乱以后，郑国人拥立郑桓公的儿子掘突继承了君位，是为郑武公。郑武公参与了护送平王东迁洛邑，再立了护驾之功，于是被正式地封为了诸侯，也担任了朝廷的卿士。郑武公死后，郑国迎来了一位更加厉害的雄主，由此拉开了中原诸侯争霸的序幕。

二、中原称霸

东周初期，王室被诸侯环护：晋国在黄河北岸，抵御北方的戎狄；郑国在黄河南岸，稳固东南；秦、虞和虢这三个国家在西边，牵制和抵御西戎；申、吕两国都在今天河南南阳附近，在南面护卫着。所以东周初期，王朝至少在形式上还是比较稳固的。

周的礼制自有其高明之处，但设计者没有想到这套制度多年以后会面临挑战。分封出去的诸侯有自己的宗室子民，又有了自己的土地，他们落地生根了。而且多年以后，赖以维系王室与诸侯以及诸侯之间的血缘宗法关系也大大地疏远了。落地生根的诸侯们之间甚至与王室之间，开始了丛林法则。

经过骊山之乱，王室元气大伤。特别是周平王的王位毕竟是由申国联合戎狄部落杀了周幽王而获得的，这就让王室大节有亏，在礼法上有点直不起腰来。王朝礼制日渐崩溃。此后，楚国渐渐兴盛，开始往北侵略申、吕等国。王室又要派兵远征，去对付楚国。于是，中原诸侯们就开始失去了制约。黄河下游的群国以宋、卫、齐、鲁、陈、蔡、郑这7个国家为代表，为了自身的利益开始了博弈和争衡，一会儿结盟，一会儿战争，乱得一塌糊涂。

这里面的一个核心的乱源就是郑国。郑是后迁入这片区域的一个小国，又是王朝的卿士，它要扩张，就必然与这里那些老牌的诸侯们发生冲突。

一开始郑国侵扰相对弱小的卫国，卫国就借了南燕国的兵去报复它，被郑国埋伏，打得大败。接下来郑国又借用王室的军队去打击宋国，宋国反击，彼此都没占到便宜。郑国又开始搞谋略，去跟陈国谋和。陈国原来跟宋国和卫国关系都好，不想理郑，郑就把陈给揍了一顿。齐国这个时候站出来做和事佬，把宋、卫、郑三国召集起来搞会盟，郑与宋、卫、陈三家去讲和，还与陈联姻了。哪知道喝盟誓血酒的嘴都还没有干，郑国就以宋国不愿意随它去朝见天子为借口，说奉天子的命令起兵要来打它。鲁国原来是宋国的盟国，这个时候它也与宋国断交了，郑国就乘机联合了鲁国和齐国一起来讨伐宋国。郑国夺取了宋国的两个邑，把它们送给了鲁国，进一步与鲁国交好。就气得宋国又联合卫国和蔡国两个国家一起出兵来打郑国，这3个国家的联军又被郑国打得全军覆没。此后，郑国又多次攻宋，打得宋国喘不过气来，赚了不少便宜。宋国因为是殷商的后裔，在姬姓诸侯当中就被排斥，比较孤立。西周为了防止宋造反，将其封到一个四面平原、无险可守的地方。这个时候郑国为了拓展和立威，正好欺负宋。

所以说，正是郑国这个王朝卿士，把中原搅得大乱。

随着礼制的崩溃，各国又开始内乱。原来实力最强的晋国分裂成了翼和曲沃两股势力。卫、宋、鲁等国内乱不止。郑国也发生了内斗，郑庄公的弟弟段在他母亲的支持下想要篡位夺权，被老谋深算的郑庄公给挫败了。《左传》中有一篇文章叫作《郑伯克段于鄢》，精彩地记录了郑国的这个故事。此后，郑国成了中原诸侯当中政局最为稳定的一个国家。

郑庄公这个人不仅内斗内行，在对外争霸的斗争中也精于权谋、谙熟军事、善于外交。借着自己王朝卿士的身份，郑庄公打着王的旗帜，有时候甚至动用王的军队，四处讨伐扩张，郑国变得越来越强大。中原和东部的那些老牌诸侯们都不服郑，一开始单个跟它干，打不过，后来几个国家联合起来，也被郑打得大败。

郑庄公在位的时候，击败过宋、陈、蔡、卫、鲁等国联军，欺负过燕国，侵略过陈国，讨伐过许国，打败过息国，大败过前来侵略的戎狄。最牛的时候，还接受齐国的求救，出兵远征，大败北戎，让齐国国君齐僖公都巴结着想要把自己的女儿嫁给郑国的太子忽，还被太子忽给拒绝了。可以说郑庄公是攻必克、战必胜，战绩显赫。最后，拳头战胜了礼法，制定了新的规矩。中原诸侯基本都被郑国打服了，唯郑国马首是瞻。

正是郑国这个王朝的卿士率儿小霸中原，拉开了春秋争霸的历史序幕，进一步扰乱了王朝的礼制。小霸中原的郑庄公日益膨胀，居然与王室公开对峙，还把周王的军队打得大败，让王室从此威风扫地，再也不敢讨伐诸侯了。

那么，郑庄公是如何大败王室军队，让周王室从此威风扫地，让君臣之礼崩坏的呢？

三、射王不客气

称霸中原后的郑国气焰越来越盛。周平王看到郑庄公权势太大了，而且肆无忌惮，就想把他的权力分一半给虢国。这一下就惹恼了郑庄公。看到郑庄公真的恼了，周平王又害怕了，赶紧安抚他说："哪有这样的事情啊？"看郑庄公还真的心气难平，周平王居然同意王室与郑国互换质子，把王子狐送到郑国去，让郑国的公子忽到周王室这边，双方相互交换作为人质。这就是历史上著名的"周郑交质"。这件事情大大地损毁了王室的威仪，败坏了周的礼制。君与臣交换人质，这彻底撕毁了君臣之间礼仪的面纱，暴露了郑庄公的狂妄，也露出了周王室日益衰弱的老底。有趣的是，天下没有人能站出来制止这件事，来维护礼制的尊严。

后来周平王死了，王子狐从郑国还没有赶回王室继位就死在了路上。周平王的孙子接班了，这就是周桓王。

周桓王年轻气盛，眼里揉不得沙子。或许是对周郑交质和他父亲的死深怀怨愤，周桓王一登基便把郑庄公的权力分了一半给虢公。郑庄公得到消息后怒火中烧，立刻派大夫祭仲带着兵马去把周的温地和成周的麦子、谷物禾苗一起给割了。双方你来我往过了一招，又平静了下来。郑庄公这边还坚持去朝见周桓王，周桓王也还保留着郑庄公的一部分权力。在郑庄公的影响下，齐国也来朝见周王。宋国不来朝见周王，郑庄公还带着王师去讨伐它。面子上，郑庄公似乎还一直维护着周王室。

周桓王大概想试着削弱郑国的势力，就从郑国强取了四个邑的田地，而拿一片不太好管控的田地置换给郑国。郑庄公当然不高兴。看郑庄公甩脸子，周桓王干脆把他的权力完全剥夺了，于是郑庄公就不去朝见了。郑庄公不来朝见，周桓王大怒，以此为借口召集了虢国、蔡国、卫国和陈国的军队，御驾亲征去讨伐郑国。想不到郑庄公干脆撕破脸皮，在繻葛（今河南省长葛市北边一带）跟周联军打了一仗，史称"繻葛之战"。

开战之前，周联军排成三路：右军由虢公林父指挥，配属的是蔡国和卫国的军队；左军由周公黑肩指挥，配属的是陈国的军队；中军是周王室的主力，周桓王亲自指挥并且担任了三军的统帅。

针对周联军的阵势，郑庄公采纳了郑国大夫子元的建议，先把郑国的主力放在两翼，奋力攻打左翼因为国内内乱而没有斗志的陈国军队和右翼战斗力薄弱的蔡、卫军队。等把联军薄弱的两翼打垮了，再集中力量合击中军周王室的主力。

在实战当中，郑庄公改变了传统的车战战斗队形，将通常配置在战车后面的步兵，以五个人为一个单位，分散配置在每辆战车的左、右和后方，组成若干个以车为核心的战斗单元。这样步兵和战车相互掩护，密切协同，攻防自如。这个创新的阵法被称作"鱼丽之阵"。

战争开始之后，郑国大夫曼伯指挥郑国的右军，首先攻击周联军左翼的陈国军队。陈国军队一触即溃，逃离了战场，周联军的左翼解体了。与此同时，祭仲指挥郑国的左军攻击蔡国和卫国的军队，结果稍一接战，蔡卫两军就溃不成军了。周王室的中军被左右两边的溃兵影响，阵势大乱。郑庄公一看，立即摇旗指挥，郑国的左中右三路军队一起合击周的中军主力。失去了左右掩护的周中军无法抵挡郑军三路的合击，大败后撤。周桓王本人也被郑庄公手下的将军祝聃射了一箭，射在王的肩膀上，史称"射王中肩"。

看到周联军大败，郑国将士们十分兴奋，都想乘胜追击，扩大战果，但是被郑庄公给制止了。他说："周天子的地位虽然已今非昔比，但是他的威望还在，不可以过分冒犯，以致引起其他诸侯国的不满。"而且在当晚，郑庄公还派祭仲去周营慰问负伤的周桓王和他的将领们，以缓和彼此的矛盾。这就体现出郑庄公作为政治人物的高明。

周桓王终于明白王室早已不是郑国的对手了，于是就坡下驴，拔寨撤军了。

这一仗，让周王尝到了郑国军队的厉害。这是中原诸侯首次公然对抗王室。从此，周王室威风扫地，再没有出兵去讨伐过诸侯。而且，周王室的地位从此连诸侯们都不如了。

此时的郑国就是这样的强横和不可一世，不仅威服诸侯，而且直接出手把周王室给打败了。

郑国一箭射掉了王室的威风，但它至少在形式上还不敢与王室分庭抗礼，形式上还是诸侯与王的关系。而远在长江流域的楚国则是自封为王，真真切切地在形式上僭越了礼制，与周王室分庭抗礼了。

那么楚国又是怎样的一个国家？它与周王室之间又有着怎样的恩恩怨怨？至今，在湖北人的口头禅中还有一句话叫"不服周"。为什么楚人不服周呢？

郑庄公射王中肩，一箭射掉了王室的威风。但射完周桓王，郑庄公还要派人去王室谢罪和讲和，可见他对礼制还没有完全失去敬畏。

但是对远在长江流域且非王室宗亲的楚国而言，礼的制约已经彻底丧失。随着实力的增长，楚国公然对爵位太低表达了不满。在经过请求却依然得不到提升之后，楚国干脆自立为王，与周王室分庭抗礼了。

那么楚国是如何逐步发展起来，又如何率先与周王室分庭抗礼的呢？

一、筚路蓝缕，以启山林

据孟子说，楚国曾经有一部名为《梼杌》的史书，体例可能与鲁国的《春秋》相似，也是记录东周列国的大事，不过是以楚国为中心。可惜这本书失传了，楚国的历史因此很难考证，也因此而显得神秘。

今天我们可以肯定的是，楚国的国君不是姬姓，不是周的王室宗亲。屈原是楚国宗室成员，他在《离骚》中自述家世说："帝高阳之苗裔兮。"司马迁在《史记·楚世家》开篇也写道："楚之先祖出自帝颛顼高阳。"张正明先生则在其著作《楚史》中说："《离骚》的上述说法是附会，《史记》的上述说法是误会。"实际上楚人有自己的血脉。他们并不是颛顼帝的后代，他们的祖国长期都很弱小，生存于中原强大民族的夹缝之中，不断依附于夏、商、周等强大民族。楚人自认的先祖叫祝融。祝融有功业名声，被楚人所尊奉，但往上推还可以在史料中查到一个比祝融更早的先祖叫"老童"。楚人自己也明白自己的血脉，所以他们最重要的祖先祭祀就是祭祀祝融。只是如张正明先生所言："自从周代形成了正统观念，利用神话和传说来攀龙附凤是人情之常，三闾大夫（屈原）也未能免俗。这对民族和睦、国家安宁有利，既无可厚非，又无需深究。"

祝融曾经是夏王朝的火正，也就是司火之官，在商代叫"师火"，周代叫"火师"，负责观象授时、点火烧荒和守燎祭天，应该属于大巫。火的利用是人类文明的一个重要标志，火正则是一个靠学问吃饭的官。观象授时要通过观天象来报告季节节气；点火烧荒在农业文明早期是一个重要的仪式，必须由准确把握时令的官员来主持，标志着这一年春耕的开始；守燎祭天更是王朝的大事。所以楚人的先祖祝融应该是一个很了不起的人，他被尊为"火神"，后来又升格为"雷神"，但到了汉代又被降为了"灶神"。祝融的部族可能最初在山东的菏泽地区这一带，后来迁到南方去了。

楚人的信史从鬻（yù）熊开始。《史记·楚世家》中说："鬻熊子事文王。"就是说鬻熊像儿子一样地侍奉周文王。鬻熊是文王的火师，他去世之后，楚与周之间变得不太紧密了，因为周武王伐纣的时候，南方很多的邦国都参加了，但是其中没有楚。而且鬻熊的儿子熊丽把族群居住地迁到了雎山（今称主山，在湖北省南漳县西北李庙镇这一带），也就是迁到了贫瘠但是易守难攻的山区，想必就是为了躲避战争以及出于对周人的畏惧。楚国与周的关系再次变好，是由于周王室内部的一场误会。我们前面讲了，周成王继位的时候还是个孩童，由叔叔周公旦摄政。周成王成年之后，有人就进谗言说周公旦有篡位的野心，周成王信以为真了。为了避祸，周公旦就向南逃到了楚国。后来周成王在"记府"（官署名，天子保存文书档案史册的馆府，类似今天的国家档案馆和国家图书馆）中看到了周公旦为武王和成王父子两代祈祷的"沉书"，上面写着自己愿意代替他们受罚，祈祷上天鬼神保佑武王和成王。周成王就幡然醒悟，杀了进谗言的人，派人把周公接回了京城镐京。这时楚国的国君叫熊绎。《史记·楚世家》说："熊绎当周成王之时，举文武勤劳之后嗣，而封熊绎于楚蛮，封以子男之田，姓芈氏，居丹阳。"到这时，楚国才正式受封子爵，还被赐以芈姓。

《左传·昭公十二年》记载："昔我先王熊绎，辟在荆山，筚路蓝缕，以处草莽。跋涉山林，以事天子。"当时楚国的君主熊绎坐着简陋的柴车，穿着破旧的衣服，接受了分封。这时，无论事实上还是在周王室的眼里头，楚国地处荒蛮之地，还很落后。接受分封之后，周王室只要求他们进贡"桃弧棘矢"和苞茅，就是桃木做的弓、荆棘做的箭，还有祭祀的时候缩酒仪式用的一种茅草——这些都是象征性的贡品。

直到这个时候，楚国依然还是很弱小。在此之前，他们靠智慧在强大民族的夹缝中得到生存。此后，他们靠智慧和勇气，在南方的山林之间发展起来了。后来顾颉刚先生在《左史辨》一书中说"楚"是林中建国的意思。熊绎之后，有一位楚君熊胜（也有可能是熊杨）随周穆王讨伐过徐国，大开眼界，而且获得了很多的铜源。传到第六位国君熊渠，这个人有胆识勇力，他相机乘势，在周朝疲软的时候就扩张发展，在周朝强硬的时候就收敛羽翼。他还采取近交远攻的策略，去占领那些战略要地和铜矿资源，逐步成为长江中游地区的霸主。

此后的楚国，再经过几代人的不懈努力，终于筑起了长江流域文明进步的一个高峰。

筚路蓝缕、以启山林，这两个励志的成语就出于早期的楚国。而且历代有为的楚国国君都有一个共同的特点——不鸣则已，一鸣惊人。

二、不鸣则已，一鸣惊人

楚国历代有为的国君都有这个特点：不鸣则已，一鸣惊人。

首先值得一说的就是熊绎之后的第六位楚国国君熊渠。熊渠勇力过人，箭术超群。《史记·龟策列传》上说："羿名善射，不如雄（熊）渠……"就是说后羿善于射箭，但比不上熊渠。中国历史上有几个"射石饮羽"的故事，说是把箭射进石头里，连箭的尾羽都没入石头，第一个说的就是熊渠，后来还有说是李广等人的。这个善射的熊渠不是个莽夫，他还相当有雄心和谋略。《史记·楚世家》中就记载说，周夷王在位的时候，王室衰微，诸侯交相攻伐，熊渠"甚得江汉间民和，乃兴兵伐庸、杨粤，至于鄂"，极大拓展了楚国的势力。

鄂国立国很早，曾经非常强大。《史记·殷本纪》中就记载说，商朝末期，鄂侯与西伯侯姬昌（周文王）、九侯并称"三公"。当时的鄂国还在南阳盆地，后来迁到了今天湖北鄂州。鄂州富有铜矿，在那个时代，拥有铜就意味着拥有财富。鄂国本来与周非常亲密，还受过重赏，但是在周厉王的时候，他们与淮夷结盟，对周围的邦国大打出手，惹恼了周厉王。周厉王两度派重兵伐鄂，而且下命令说"勿遗寿幼"，不分老少格杀勿论。后来，周厉王终于攻灭了鄂国，擒获了鄂侯。但是周厉王一撤兵，熊渠就带着楚军长途奔袭而来，也可能是打着"勤王讨逆"的旗号，轻松地占领了鄂，获取了铜矿资源。当时楚国的军力本来并不太强，原本不可能是鄂国的对手，而且楚国离鄂国很远，但是经过周厉王残酷的杀伐之后，鄂已经基本瘫痪，楚军只是来轻松地收拾了残局。熊渠这次用兵，是一次不畏长江波涛之险的劳师远征，是楚国走向强盛的一次壮举。也可以说，这次占领鄂国的军事行动，奠定了楚国走向强盛的基础。这是熊渠的一鸣惊人。

接下来值得一说的就是楚武王熊通、楚文王熊赀和楚成王熊恽三代楚王。

楚国第 17 位国君楚武王熊通在位的时候，既有文治又有武功。他接受了一位自称周王孙的贤人叫季梁的先进思想："夫民，神之主也。是以圣王先成民，而后致力于神。"（《左传·桓公六年》）他以民为邦本，内修政理，外展雄心，建立了一套初具规模的国家机器：王以下设令尹，总揽军民大政，以莫敖来掌管军事，设置县尹为一县之长来治理各个地方。在楚武王的治理之下，江汉平原的战乱纷争就平静了下来，蛮荒民族都走向了文明。铜矿开采和铜器铸造技术也得到空前的发展。他对外用兵，战略思想非常清晰，通过征服随国、打败郧国，占领了汉水以东的战略要地，确立了楚国在汉东的霸主地位。而这也为日后楚国与中原分庭抗礼，甚至涉足中原，奠定了战略基石。

楚武王的死十分悲壮。在他晚年时，被征服的随国又倒向周王室，同时冷落楚国。这时，楚武王已经七十岁左右，身患重病，但他毅然带兵出征。军队到达汉水东岸后不久，楚武王心疾猝发，他让随从把自己扶下车，靠在一棵橘树下休息，就此死去。随他出征的将领们领会他的意图，所以秘不发丧，继续进兵，逼迫随国求和之后，回军过了汉水，到达西岸，才为楚武王发丧。至今湖北钟祥市东边还有座橘木山，那里应该就是楚武王病故之地。

楚国第 18 位国君楚文王熊赀秉承先王余烈，迁都于郢。这里不仅是肥沃富裕的冲积平原，而且是交通枢纽。接着，他"假邓灭申"，一举灭掉了邓国和申国，这比晋献公的"假途灭虢"之计还要早 33 年。他又利用息国和蔡国的矛盾，迅速灭掉了息国、降伏了蔡国，还顺手从息国掠回来一个大美女"桃花夫人"。到这个时候，方城成了楚国北边的大门，南阳盆地成了楚国的门厅，南襄夹道成了楚国通向中原的门廊。至此，楚国雄踞南方，并且打通了涉足中原的道路。

楚国第 20 位国君楚成王熊恽，是楚文王和"桃花夫人"的儿子。楚成王是杀兄夺位的。他即位之后，主动与周王室修好，同时广布恩德，与诸侯结盟，又镇压夷越各族，大力开拓疆域，不断向中原拓展。当时中原的霸主正是齐桓公。但是楚成王即便面对齐桓公这样强大的霸主也没有屈服，而是通过谈判举行了召陵之盟（召陵在今河南省漯河市），暂时同中原诸侯和好休兵。等到齐桓公一死，楚成王的高光时刻就来了。当时宋襄公想接替齐桓公称霸。公元前 639 年，宋襄公邀请楚国来参与会盟。本来他是想借楚国的威望来抬高会盟和自己的地位，却被楚成王狠狠地羞辱了一番，然后被活捉带回了楚国。过了几个月，在鲁国的调解之下，楚成王才把他放回国了。宋襄公自此对楚国怀恨在心，但是由于楚国国富兵强，也没什么办法。公元前638年，宋国出兵去讨伐依附于楚国的郑国，郑文公立即向楚国求救。楚成王接报以后，没有直接去救郑国，而是统领大队人马直接杀向了宋国，可见"围魏救赵"的战术，春秋时期的楚国人早就已经发明了。宋襄公慌了手脚，星夜回撤。楚、宋两国就在泓水边上，打了历史上著名的"泓水之战"（泓水：古河流名，在今河南省柘城县西北）。这一战宋国大败，宋襄公本人还被射中了大腿，回到宋国之后伤势发作而死去，他的图霸也就成了历史上的一个大笑料。而楚国在楚成王时期就开始称雄中原了。

最后说说楚国第22位国君楚庄王。历史上，楚庄王大概是楚国国君中最有名的一位了。"三年不飞，飞将冲天；三年不鸣，鸣将惊人"这句话就是出自他口。他是威震天下的一代楚国国君。

楚庄王是个天生的政治家。他年少登基，当时恰逢楚国高层政治斗争激烈，稍有不慎就可能性命难保。楚庄王十分聪明，他初登王位三年不理朝政，整日声色犬马，实际上则一直在暗中发展自己的力量。他通过打猎收罗武士，如后来平叛和征战中发挥了重要作用的神箭手养由基就是这样被发现的。楚庄王以佯狂之态，冷静观察，分清了满朝文武中的忠臣与奸佞，一旦时机成熟，亲理朝政，他便迅速地拨乱反正，国家风气为之一振。本来周边的国家和戎狄看到楚国衰乱了，想借机来打楚国，楚庄王亲自率领军队击败了不可一世的陆浑之戎，一直追到周王朝的京畿洛邑附近，还在这里举行了一个盛大的阅兵式，并且发生了楚庄王"问鼎中原"的故事，令周王室和天下诸侯震惊。楚与中原霸主晋国之间，还在邲（今河南省荥阳市东北）开展了一场大战，楚军大胜。在追击败军的过程中，楚庄王胜而有节，大度放生，甚至还出现了楚军帮助晋军推战车逃亡的情景。战后，楚庄王也表现出知兵非好战的一面，没有接受下属关于收集败军尸体、建塔炫耀军功的建议。在这里，楚庄王向下臣们阐述了他对"武"字的理解，即"止戈为武"。

楚庄王如愿以偿地取得了中原的霸权。整个春秋时期，楚国不断地拓展壮大，先后灭国50个。

那么，这样强大的一个楚国，还能臣服于周王室吗？

三、不与中国之号谥

楚国与周王室的关系始终都很微妙。周王室强大的时候他们会去依附，周王室衰落的时候他们会疏离。而周王室也似乎总是对楚国不咸不淡，看不上眼，悄然地遏制它，又无可奈何。

其实楚人原来不是蛮夷，他们的先祖祝融甚至还非常厉害。他们实际是中原文明的一分子，在动荡的时代，这粒中原文明的种子被撒到了广阔蛮荒的荆楚大地上，它在那里生根发芽、苗壮成长，而且带领整个荆蛮之地走向了文明。楚人骨子里依然向往中原文明，期待得到周王室的认可。然而周王室从血统、对周王室的贡献以及楚国所处的地理位置几个方面都不看好它。楚人有着强烈的自尊却得不到周王室的承认，当楚国的实力发展到一定程度的时候，这种自尊就被直白地表达出来了。

最先表达的就是熊渠。《史记·楚世家》中记载，熊渠甚得江汉地区的民心。吞并了庸国、杨粤和鄂国之后，熊渠说："我蛮夷也，不与中国之号谥。"他还立长子康为句亶王，二儿子红为鄂王，小儿子执疵为越章王。这种自称蛮夷而不接受周王朝封号的宣誓，一听就是有情绪；而把自己的三个儿子都封为王的做法，更不仅仅是与周王室分庭抗礼这么简单了，这完全是对王室的一种报复性行为。到了周厉王当政的时候，熊渠怕他来讨伐，冷静下来后自去了三个儿子的王号。

等到熊通的时候，楚国就更强大了。熊通通过被他征服的姬姓王室宗亲随国国君去做王室的工作，请求周王室抬高楚国的爵位。后来，随国回报楚国，说周天子拒绝提高楚君的爵位，熊通大怒说："吾先鬻熊，文王之师也，蚤终。成王举我先公，乃以子男田令居楚，蛮夷皆率服，而王不加位，我自尊耳。"他的意思是说，先祖鬻熊是文王之师（实际上是火师），后来周成王封其先人为子爵，居住在荆蛮之地，而如今荆蛮之地的人都服从归化了我们，无论从先祖的地位还是楚国今天的贡献和实力来看，封子爵都太低了。现在你周王不愿意提升我楚国的爵位，那我就自封吧。于是熊通自立为楚王，自此以后，楚国代代称王，真的与周王室分庭抗礼了。

在对待楚国爵位的问题上，周的礼制显得僵硬，而且执政者缺乏变通：一方面他们不能以发展的眼光来看人，瞧不上楚人，视荆楚为蛮夷之地，不愿意让楚国的地位得到抬升；另一方面，他们除了政治上打压，也没有任何办法去遏制楚人的自强不息。实际上，楚国不断要求周王室提升爵位，甚至不断向中原进军，都表现出他们内心深处对中原文明的向往和认同。如果周王室能认清这一点，实事求是地给予楚国一定的政治地位，说不定可以团结一股重要的力量，从而也对中原诸侯形成钳制，更加巩固王室的地位。

然而，非常遗憾，王室没有做出正确的抉择。所以楚国的分庭抗礼，一定程度上也是礼制的僵化所致。

第九章　尊王攘夷

　　为王者不知自尊，自坏礼法；诸侯们以强者为尊，弱肉强食。西周王朝初期周公旦等人苦心经营的礼制，随着时间的推移而日渐崩溃。礼制崩溃带来的不仅是王室的威风扫地，还有天下大乱，甚至是中原文明的危机。面对这样的危局，王室希望重拾脸面，弱小的诸侯期盼有人来主持公道，百姓渴望天下太平，智识者呼唤恢复秩序、挽救文明。

　　在这样的历史背景下，一位胸怀宽广的雄主在诸侯争霸中脱颖而出。他任用贤才、励精图治、南征北战、九合诸侯，打出了"尊王攘夷"这面维护礼制的政治旗号，力挽狂澜于既倒，不仅在一定程度上帮助王室挽回了些许颜面，让王朝和礼制又有了一段时间的维持，而且他率领中原诸侯勇敢地担当起保护中原地区周文化的历史重任。

　　那么这位霸主是何许人也？他又是如何尊王攘夷

的呢？

一、天时、地利、人和

西周时期，王室对黄河中下游地区的诸侯压制和盘剥得很厉害，这一地区的诸侯们几乎得不到大的发展。平王东迁之后，周王室失去了权威，王朝礼制崩溃，诸侯们失去了制约，客观上给诸侯争霸带来了广阔的空间。

在黄河中下游的诸侯中，齐国是最有条件发展壮大的。它东靠大海，南依泰山和沂蒙山脉，西北有黄河和济水，地势上相对安全。同时，这里物产丰富，占尽海洋的鱼盐之利，加上齐国人在思想文化上比较开放，工商业都得到发展，所以经济富庶。

政治上，齐国的开国之君是周武王的军师和岳父姜子牙，他功劳大、地位高。齐国虽然不是姬姓的王室宗亲，但周王室却与其一直保持通婚。《史记·齐太公世家》记载："及周成王少时，管蔡作乱，淮夷畔周，乃使召康公命太公曰：'东至海，西至河，南至穆陵，北至无棣。五侯九伯，实得征之。'齐由此得征伐，为大国。"就是说：周成王年少即位的时候，管叔、蔡叔作乱，淮夷背叛周，周成王就派人策命姜太公说："东到大海、西到黄河、南到穆陵（今山东省临朐县南）、北到无棣（今山东省滨州市无棣县北），各路诸侯和各级官员，若有不听话的，你都可以征讨他们。"有了天子的策命，齐国就有了征讨的权力，因此而发展成了大国，其军事实力也非常强悍。

在这样的基础之上，进入春秋争霸之时，齐国又出现了一位胸怀宽广的雄主和一位经世济国的名相，占尽了天时、地利、人和，齐国称霸势不可挡。这位雄主就是齐桓公，这位名相叫管仲。

齐桓公登临君位，有历史的偶然性。

齐桓公，名叫小白，他是姜子牙的第12代孙，是齐国的第16位国君。他年少的时候就善于交往齐国的权贵，打下了很好的人脉基础。

原来齐国第14位国君齐襄公诸儿和公子小白、公子纠三兄弟，都是齐僖公的儿子。齐襄公为人不检点、不守信，昏庸无道，他的两个弟弟公子小白和公子纠都逃到了国外避难。后来齐襄公招来杀身之祸，取而代之的公孙无知也很快被杀了，齐国陷入内乱。这个时候，在莒国避难的公子小白和在鲁国避难的公子纠就同时往齐国国都临淄赶，争夺国君之位。

在他们争夺君位的路上，发生过一个插曲。公子纠的师傅管仲带兵在莒国通往临淄的必经之路即墨（今山东省青岛市辖区）拦截公子小白，管仲一箭射中了小白的衣带钩（相当于我们今天的皮带扣子）。小白应声倒下，咬破舌头，吐出鲜血，趴在车上装死，骗过了管仲。鲁国人以为小白死了，就慢悠悠地送公子纠回齐国继位，走了六天才到临淄。而公子小白早已日夜兼程赶回齐国继位为国君了，他就是齐桓公。

鲁国因为支持公子纠回齐国夺位而和齐桓公结下了梁子。接下来，齐国与鲁国在干时（今山东省桓台县）大战一场，鲁军大败。之后，齐国逼迫鲁国杀了公子纠，而把管仲活着送回了齐国。

起初，齐桓公记"射带中钩"之仇，要杀了管仲。齐桓公的师傅鲍叔牙劝他说：如果您想成就天下霸业，那非用管仲不可。当初管仲辅佐公子纠，射中您是可以理解的；今天如果您任用管仲，他将为您射天下。

管仲，名夷吾，字仲，是春秋时期齐国颍上（今安徽省颍上县）人，史称管子。他被后世尊为"春秋第一相"。

管仲是个旷世奇才。当他听说齐国要把他活着要回去，马上心领神会，明白此去如鱼得水，不仅死不了，而且将得到重用。为了避免鲁国君臣反悔派人来追击，管仲在囚车中现创作了一首快节奏的歌曲，教给推囚车的鲁国士兵们唱。这些士兵唱着快节奏的歌，越推越快，很快就把管仲送出了鲁国。果然，鲁国也有聪明的大臣意识到齐国营救管仲之意，鲁庄公立刻派人追击却没有追上。

齐桓公与管仲见面，问了很多关于如何治国兴邦的问题。《国语·齐语》中清晰记载了这段对话。管仲对答的核心内容有三个方面：

一是改革土地制度，"均地分力""相地而衰征"。实质就是顺应铁器时代的到来和乱世争夺人口的需要，解放农奴，解放生产力；

二是改革户籍制度并寓军于民，"定民之居，成民之事"，"叁其国而伍其鄙"。就是将士、农、工、商分区定居和管理，同时改革过去由国家和贵族养士建军的落后方式，从每户人家抽调一人从军，组成一支富有战斗力的军队；

三是大力发展经济，推行"官山海""弛关市之征""置女闾"。就是将鱼、盐、铜、铁收归国营，同时建立开放的市场。发挥齐国靠海优势，开发"鱼盐之利"，开山炼矿，铸钱冶铁。设置中国历史上第一个官办的商业"红灯区"，招来天下商贾。《战国策·东周策》记载："齐桓公宫中七市，女闾七百。"这种招揽商贾的做法今天看来有待商榷，但客观上确实吸引了其他国家的客商到齐国进行贸易，齐国就可以坐地收税了。

这些对策后来在齐国都得以实现，齐国打下了厚实的经济基础，建立了一支富有战斗力的军队，为齐桓公称霸提供了强力支撑。

那么，在此基础上，齐桓公是如何在"国际"纵横捭阖，称霸天下的呢？

二、九合诸侯

在改革稳固内政、发展经济和军事实力之后，管仲建议齐桓公打起"尊王攘夷"的大旗，公开走上称霸的道路。

先是与邻国修好，化敌为友，减少周边摩擦。归还以前侵占鲁国的棠、潜两邑，把鲁国变成了齐国南边的友好邻邦；又归还卫国的台、原、姑、漆里四邑，将卫国变成齐国西边的西进通道；再归还燕国的柴夫、吠狗两邑，将燕国变成北部的安全屏障。齐桓公这些举动，说实话也是需要资本的，一般国家根本也不可能做到。

修好周边国家关系之后，齐国就开始大搞会盟。会盟这件事看起来有点虚，盟主要费很多的心思、人力和物力来组织，有的参与者还口是心非，盟誓过了又不遵守盟约，所以很多人都会觉得会盟不过是个劳民伤财的形式。但是，会盟的政治意义之大、影响之深远，只有真正的政治家才认识得到。

《史记》记载，齐桓公在成就霸业之后，曾自我评价说："寡人兵车之会三，乘车之会六。九合诸侯，一匡天下。"意思是说："我三次主持军事会盟，六次主持和平大会，九次汇合诸侯，匡扶周王室，安定天下。"当然，这里的三、六、九都是虚指，实际的会盟次数应该还不止。

根据《春秋》记载，齐桓公主持的"兵车之会"至少有四次。如下表：

次序	时　间	名　称	参与国
1	公元前 652 年正月	洮之会	周齐鲁宋卫许曹陈郑——"1+8"
2	公元前 647 年夏天	盐之会	齐鲁宋陈卫郑许曹八国
3	公元前 645 年三月	牡丘之会	齐鲁宋陈卫郑许曹八国
4	公元前 644 年十二月	淮之会	齐鲁宋陈卫郑许邢曹九国

"乘车之会"至少有十二次：

次序	时　间	名　称	参与国
1	公元前 681 年春天	北杏之会	齐宋陈蔡邾五国
2	公元前 680 年冬天	鄄（juàn）之会	齐宋卫郑单五国
3	公元前 679 年春天	鄄之会	齐宋陈卫郑五国
4	公元前 678 年十二月	幽之会	齐鲁宋陈卫郑许滑滕九国
5	公元前 667 年六月	幽之会	齐鲁宋陈郑五国
6	公元前 659 年八月	柽之会	齐鲁宋郑曹邾六国
7	公元前 658 年九月	贯之会	齐宋江黄四国
8	公元前 657 年秋天	阳谷之会	齐宋江黄四国
9	公元前 656 年夏天	召陵之会	齐楚鲁宋陈卫郑许曹九国
10	公元前 655 年夏天	首止之会	周齐鲁宋陈卫郑许曹——"1+8"
11	公元前 653 年七月	宁母之会	齐鲁宋陈郑五国
12	公元前 651 年夏天	葵丘之会	周齐鲁宋卫郑许曹——"1+7"

　　而且，几乎每一次会盟，齐国都得到了政治上或军事上的收获。

　　如桓公五年（公元前 681 年）春天，齐桓公首次尝试，召集齐宋陈蔡邾五国在北杏（今山东省东阿县）会盟。这次会盟中，宋国自怀心思，违背盟约，齐桓公便以周天子的名义率领几国诸侯伐宋，迫使宋国求和。同时，齐国乘势灭了郯（在齐国南面）、遂（今山东省宁阳县、肥城市一带）等小国，首次会盟就树立了威望，拓展了势力。

再如齐桓公三十一年（公元前655年）夏天，为了阻止周惠王废长立幼、引起王室内乱，齐桓公召集了齐、鲁、宋、陈、卫、郑、许、曹八国在首止（今河南省商丘睢县）会盟，并要求周惠王派太子郑参加。会盟诸侯一致拱卫太子，以此巩固了太子的地位。公元前652年，周惠王去世，太子郑顺利继位，就是周襄王。这次"首止之会"的政治意义极大，齐桓公向天下昭示了他维护礼制的立场和能力，他也得到了周襄王极高的政治回报。

齐桓公三十五年（公元前651年）夏季，齐桓公的霸业达到鼎盛，他再次召集周、齐、鲁、宋、卫、郑、许、曹在葵丘（今河南省商丘市民权县境内）会盟。周襄王派上卿宰孔赐给桓公文武胙（祭祀周文王、周武王用的腊肉）、彤弓矢、大路（诸侯朝服之车），受赐时还不用桓公下拜。这时，齐桓公已经有些骄矜，真的想不拜了。管仲赶紧说："不可！"桓公才勉强下拜受赐。

到这时，周王室愈加式微，而郑国已经退出了霸主之列，齐、晋、楚、秦几个大国中，晋国内乱，秦国偏远，楚王以蛮夷自居，齐桓公就成为名副其实的中原霸主了。

齐桓公富有急智、胸怀博大、广纳贤才，所以他能逢凶化吉，登临君位。又因为他扛起了"尊王攘夷"这面维护礼制的政治大旗，所以能九合诸侯、一匡天下，开创春秋首霸大业。

那么，扛起"尊王攘夷"大旗的齐国，有着怎样的尊王攘夷的作为呢？

三、南征北战

齐桓公"尊王攘夷"的旗帜之所以能产生强大的号召力，是因为随着礼制的崩溃，王朝一盘散沙，导致周边那些被称为夷狄的异族轻而易举就能入侵中原，给周王朝和中原诸侯带来巨大的不安，对华夏文明也造成巨大的威胁。因此，"攘夷"成为周王室和中原诸侯们需要共同面对的问题。要"攘夷"就需要团结，要团结，就需要一个统一的政治号令。在那时，这个统一的号令只能是尊王。

"尊王攘夷"是一个政治口号，但它不能只停留于口号。齐桓公或多或少还为此做了一些事情。

齐桓公二十三年（公元前663年），北方的山戎攻打燕国，燕国面临灭顶之危，向齐国求救。齐桓公率领诸侯军队救燕，打败山戎，一直打到孤竹（今河北省卢龙县一带）才收兵。获救之后，燕庄公感激不尽，送齐桓公出了燕国边界，直送到齐国境内。齐桓公干脆人情做足，他说："不是天子，诸侯是不能送出国境的，我不可以僭越。"他把燕君所到的原属于齐国的土地割给了燕国，同时叮嘱燕庄公学习燕国的开国之君召公，继续给周朝纳贡。面对齐桓公的鼎力救助和尊王的善言，不仅燕君，其他诸侯听说此事，也都心悦诚服，拥护齐国了。

齐桓公二十五年（公元前 661 年），北方的狄人攻打邢国（今河北省邢台市），邢国几乎灭亡，只剩下太子带了五千多遗民逃亡出来。齐桓公再次出兵救援，抵御了狄人的入侵，还帮邢国重建了国都，存续了邢国的社稷。

齐桓公二十八年（公元前 658 年），卫国被狄人骚扰，卫文公又向齐国求救。齐国再次出兵打败狄人，并为卫国筑楚丘城（今山东省成武县西南），把卫国臣民南迁到那里，让他们远离北方少数民族的威胁。

除了向北抵御戎狄，当时周王朝及中原诸侯们还视楚国为南蛮。抗击楚国的北进，也在"攘夷"之列。

齐桓公二十九年（公元前 657 年）的一天，桓公和他的一个姬妾蔡姬（蔡国女子）在水中乘船游玩，生于南方水乡的蔡姬故意晃船取乐，桓公害怕，阻止蔡姬。蔡姬顽皮不听，更加晃个不停。齐桓公出船后大发雷霆，把蔡姬送回了蔡国。蔡侯对此很不高兴，一气之下竟将并未退婚的蔡姬又嫁给了楚王。蔡侯此举媚好楚国，不仅让齐桓公颜面尽失，也让中原王朝和诸侯们大为不快。于是齐桓公三十年（公元前 656 年）春，齐国召集鲁、宋、陈、卫、郑、许、曹七国诸侯伐蔡，蔡国臣民反叛其国君，归顺了齐国。联军借势继续南下，讨伐不愿向中原周王朝称臣的楚国。

楚成王起兵迎战，并派使者与齐国君臣对话。《左传·僖公四年》记载楚国使者替楚王说："君处北海，寡人处南海，唯是风马牛不相及也。不虞君之涉吾地也，何故？"这就是"风马牛不相及"这个成语的出处。

管仲代齐桓公回答说：当年周成王曾策命齐国"东到大海、西到黄河、南到穆陵、北到无棣都可以讨伐；（多年来）楚国没有进贡苞茅，使周王祭祀时没有茅草用来缩酒（将茅草铺在祭台前的地上，将酒洒在上面，酒渗下去，就视同神鬼和先人饮用了）；（当年）周昭王南征没有回来。就是因为这些来责问你们。"

面对以齐国为首的中原诸侯联军，楚国采取了灵活的应对策略。楚承认了未进贡苞茅的过错，表示以后改正，算是做了适度的退让；但周昭王南征之时，楚国尚未控制汉水，所以周昭王乘船漏水被淹死的罪过楚国人不承担。

为了威慑楚人，齐桓公让楚国使臣观看联军的演习。楚臣屈完对桓公说："您若以德服人最好。如果不，那么楚国用方城山作为城墙，以长江和汉水作为护城河，和你决战，你还能打赢吗？"齐桓公心知与楚国相拼胜负难料，现在楚国已经做了进贡苞茅的退让，便也见好就收，讲和退兵。这次让楚国答应继续给周王室进贡苞茅，至少在形式上维护了周王室天下共主的地位。

一系列南征北战的举动，使得齐桓公在华夏各诸侯国中建立了至高无上的威望。齐桓公团结诸侯，对外攘夷，对内维护礼制，保护了华夏文明，齐国自然成了中原诸侯的主心骨，成了奄奄一息的周王朝及其礼制的"卫道士"。齐桓公成了名副其实的天下霸主。

齐桓公的霸业与管仲的辅佐分不开。一百多年后，孔子感慨说："微管仲，吾其被发左衽矣。"如果不是管仲，我们恐怕都要像胡人一样披散着头发向左边掩着衣襟了，就是说如果没有管仲辅佐齐桓公，我们华夏文明早被夷狄灭亡了。

管仲是一位了不起的政治家，也是一位了不起的思想家。他的思想和言论被后人写成一部书叫《管子》。管仲比老子大 150 多岁，比孔子大 170 多岁，比墨子大 260 多岁，比韩非子大 440 多岁。这些后世敬仰的大思想家们的思想理论，或多或少都能溯源于管子的思想，但他们都没有管仲处理现实问题的能力。

"尊王攘夷"对维护礼制发挥了一定的作用，对后世历代英雄豪杰维护礼制和中央集权产生了深刻的影响。但在那时，它并不能从根本上挽回周王朝礼制崩溃的趋势。

第十章

礼
崩
乐
坏

　　从西周末期开始，周王室和诸侯们纷纷破坏礼制。到春秋时期，出现了齐桓公这样的霸主打着"尊王攘夷"的旗号，一定程度上也帮助王室挽回了些许颜面，让王朝和礼制在这位霸主的支撑下又有了一段时间的维持。但靠霸主的支撑，并不能从根本上挽回礼制崩溃的趋势。

　　公元前517年，35岁的孔子来到齐国，见到了齐景公。齐景公向他咨询政事，孔子回答了一句千古名言："君君、臣臣、父父、子子。"

　　孔子的话翻译成白话文就是：君要像君、臣要像臣、父要像父、子要像子，那么国家就大治了。孔子用一句颇有文学色彩的话，形象准确地道出了封建宗法秩序。在身处春秋时代的孔子看来，社会已经失序。他渴望回到周朝的礼乐教化中去。

　　从社会现象上看，孔子一语中的，春秋的确是一个失序的时代。旧有的西周礼制已经崩摧，用"礼崩乐坏"来表达再恰当不过了，因为这时，根本上崩和坏掉的，正是西周的礼乐制度。

那么，当时"礼崩乐坏"具体体现在哪些地方呢？

一、君臣异位，乾坤倒转

在周礼中，王与诸侯、诸侯与士大夫之间，有着严格的等级和尊卑秩序。

然而，刚刚进入东周，秦国这个新分封的诸侯国和鲁国这个最能代表周王朝礼制的老诸侯国就先后大胆僭越，擅自行使了天子的特权，开始郊祭天地了。秦国或许是以此来炫耀自己的实力，或许还要向天下展示或暗示，它现在占据了周天子的龙兴之地，从地域的角度和王家礼乐场所的角度看，秦拥有了某种政治上的特殊性。而鲁国国君是周朝的奠基人、周礼的制定者周公的后人，掌管着天子的礼乐，还负责为王室和诸侯们主婚，是周天子在意识形态上的卫道士。鲁国擅自祭祀天地就耐人寻味了，等于是在向世人昭告周平王是个不值得拥护的非法天子，也可能是从礼法正统的角度暗示天下，鲁国具有特殊的政治地位。

面对秦国和鲁国的这种大不敬、大僭越，周平王黯然失声，连一声责问也没有，这也无形中大大地鼓励了其他诸侯们的僭越。

这是春秋初期的事。如果说这时胆大的诸侯还只是在自己家里玩玩僭越，那么到晋国称霸的时候，晋文公重耳就直接与天子玩互动式的僭越了。

晋文公名叫重耳。他的父亲晋献公（就是那个用"假途灭虢"之计的国君）宠爱年轻美貌的骊姬，就废长立幼，让骊姬生的儿子继位，导致重耳的哥哥太子申生被杀，国内大乱，史称"骊姬之乱"。重耳也受到迫害，逃离晋国，此后游历诸侯，漂泊19年后才回归故国登上了君位。这时候，春秋首霸齐桓公已经死了。历经艰辛、大器晚成的霸主晋文公闪亮登场，开创了晋国长达百年的霸业。

晋文公继任之后，于公元前632年4月在城濮（今山东省鄄城县西南）与楚国展开了一场关乎霸主归属和华夏文明走向的大战，结果晋国大胜。

城濮大捷之后，晋文公也打起了"尊王攘夷"的大旗，但此时的晋文公与当年的齐桓公有很大的不同，天子在他的眼里已经完全成了一个幌子。他在践土（今河南省广武县附近）建了个王宫，请周天子前来参加诸侯会盟。周天子贵为天下共主，晋文公以臣召君，大不敬，大僭越。《史记·周本纪》记载说："（周襄王）二十年，晋文公召襄王，襄王会之河阳践土，诸侯毕朝。书讳曰'天王狩于河阳'。"也就是说王室的记载还要替周襄王遮羞，说什么天子是来打猎的。《左传·僖公二十八年》记述："仲尼曰，'以臣召君，不可以训'。"可见，孔子也很看不惯这件事情。

《国语》中还有《襄王拒晋文公请隧》的故事。晋文公帮助周襄王挫败了襄王的弟弟王子带的谋反，帮助襄王稳固了王位。周襄王想赐以土地作为酬劳，但是晋文公提出将来自己死了用天子的葬礼下葬的请求。周襄王没有答应，晋文公只好接受了土地回国了。又是以臣召君，又是请求葬以天子之礼，这已经完全不像君臣的模样了。

晋国以臣召君和请求以天子之礼下葬，是为下者的僭越。而到了春秋末期，又有了"三晋封侯"这样上下共同破坏礼制的事情。

到春秋末期，原本强大的晋国长期内乱，最后被韩、赵、魏三家列卿给瓜分了。这是严重违背礼制的行为，这三家应属于造反的"乱臣贼子"。然而，公元前403年，在韩、赵、魏三家一再要求之下，周王竟然将他们封为诸侯了。这又是一个上下共同破坏礼制的典型事件。司马光的《资治通鉴》就是从这件事开始写起的。其中，司马光评论说：

夫三晋虽强，苟不顾天下之诛而犯义侵礼，则不请于天子而自立矣。不请于天子而自立，则为悖逆之臣，天下苟有桓、文之君，必奉礼义而征之。今请于天子而天子许之，是受天子之命而为诸侯也，谁得而讨之！故三晋之列于诸侯，非三晋之坏礼，乃天子自坏之也。

也就是说到了这时，周天子只能拿着礼制去与臣属的臣属做交易了。

还有就是在周礼旧制中，仪式、器物、乐舞等的使用都有严格的等级制度。可是，到孔子的时代，鲁国的士大夫季氏竟然在自己家里享用只有天子才能享用的八佾（八行八列）之舞，大大地僭越了。孔子看到之后说了另一句千古名言："是可忍也，孰不可忍也！"

而进入战国之后，各诸侯国国君纷纷称王，就彻底撕碎了西周礼制的大剧本，各演各的了。

二、弑君如戏与宫闱大乱

进入春秋之后，君臣异位带来的一个严重后果，就是弑君篡位者比比皆是。

春秋时期，弑君篡位第一案发生在卫国。卫庄公有个儿子叫州吁，是卫庄公宠爱的一个小妾生的。州吁自幼恃宠而骄，庄公也不约束他。卫庄公死后，卫桓公继位。由于弟弟州吁骄横跋扈，卫桓公就罢了他的职。州吁于是逃亡到国外。公元前719年，州吁聚集卫国流民将哥哥卫桓公杀了，自立为国君。后来，卫国一个老臣石碏设计杀了州吁，还因为自己的儿子石厚辅佐州吁，也一并杀了，总算是主持了公道，杀了弑君者来维护礼制。这也是成语"大义灭亲"的来历。

春秋时期最有戏剧性的弑君篡位故事是楚穆王弑父。楚穆王是楚成王的太子，名叫商臣。起初楚成王不顾大臣的反对，立了商臣为太子，后来又后悔了，想废了他。商臣不知道父亲确切的想法，就请教他的老师潘崇。潘崇建议商臣宴请成王的宠姬江芈，然后故意在酒席上怠慢惹恼她。江芈一怒之下对商臣说，难怪王要杀了你。商臣惊恐之下决定弑父篡位，于是带兵围困并逼死了成王。英雄一世的楚成王跟儿子要求吃个熊掌再死，商臣不同意，逼成王上吊自杀。于是商臣登位，是为楚穆王。这件事发生后，连个出来主持公道的人也没有了。

周王室内部也有王子叔带通嫂弑兄，杀周襄王未遂的事情。本来周襄王看着宗室诸侯们一个个都靠不住了，就从戎狄娶了个女人，打算靠少数民族的力量来保护自己。想不到这戎狄女子很快跟小叔子好上了，还帮小叔子谋刺篡位，差一点得逞。

《史记·太史公自序》中说："《春秋》之中，弑君三十六，亡国五十二，诸侯奔走不得保其社稷者不可胜数。"可见到春秋时期，各诸侯国弑君篡位事件极为普遍。

除了弑君篡位这样的政治乱象，王公贵族们在礼崩乐坏的社会环境中又在怎样生活呢？有两个词可以概括：宫闱大乱，伦常大乱。贵族阶层把礼义廉耻都抛诸脑后了。

春秋时期，宫闱大乱、伦常大乱的代表人物非卫国第15任国君卫宣公莫属。这个卫宣公乱得厉害，娶"母"、夺媳，他都干过。他当公子的时候，就和父亲的姜夷姜私通，还生了个孩子取名叫急子，将其寄养在民间。后来宣公即位当了卫国君主，就把急子接进宫，还立为太子。眼看太子长大了，卫国从齐国给太子娶了个姜姓宗室女子。结果卫宣公一看这齐女太漂亮了，就筑了个新台，自己把这漂亮儿媳妇占有了。这个女子自此被称为宣姜，意为宣公所娶之姜姓女子。后来宣姜一连生了两个儿子，又闹出废长立幼、杀害太子的惨剧来。卫宣公不仅夺了儿子的媳妇，还要了儿子急子和急子的儿子公子寿的性命。他做儿子时不像儿子，做父亲时也根本不像个父亲。

春秋时期，楚国本是个强盛的大国，却因为一桩父亲偷娶儿媳妇的糗事而导致元气大伤，几近亡国。

这个偷娶儿媳妇的人就是楚平王。楚国的太子建要迎娶秦国宗室女子，楚国派去接亲的是个小人，名叫费无忌。这家伙接到秦女后发现是个绝色大美女，为了讨好楚平王，他自己快马加鞭先跑回楚国王宫向楚平王报告了秦女的美色，并建议平王自己娶了她，而把嫁来的一个侍女嫁给太子建。色心顿起的楚平王听了费无忌的话，用调包计换娶了儿媳妇。后来费无忌又担心太子建将来继位之后报复自己，就进一步进谗言害太子，并杀害辅助太子的人，结果却激反了一个叫伍子胥的不世之才。伍子胥怀恨逃到吴国，帮助吴国迅速发展起来。公元前506年，伍子胥等率吴军长驱直入，攻破楚国的国都郢城。楚国经此一乱，元气大伤，几近亡国。

还有一个伦常大乱的系列故事叫"夏姬乱国"。一个叫夏姬的郑国美女一路蹚过男人河，让郑国、陈国和楚国几个国家的一批君臣都乱了方寸，给陈国带来了灭国之灾，而与她有染的男人几乎都不得好死。

春秋战国时期，宫闱大乱的例子，还有齐襄公与妹妹文姜私通，杀了妹夫鲁桓公，导致齐鲁两国由姻亲变成了仇敌；宋襄公的夫人以姨奶奶身份恋上了孙子鲍革，还帮他杀了宋昭公，让他成为宋文公；蔡景侯给公子般娶来楚国女子，而自己与她通奸；鲁惠公夺了儿子的漂亮媳妇宋女，后来还提升宋女为夫人，立宋女所生的儿子为太子……可见在这个时期，贵族统治阶级是多么荒淫无道，无视礼教。到这时，礼制已经彻底崩溃，整个统治集团都烂透了。

三、群体"出戏"的原因

前面说过，西周礼乐制度就像一个大剧本。从王公贵族到庶民奴隶，所有的人从生到死都应该按照剧本和自身的角色出演。然而，到春秋战国时期，社会群体"出戏"了。为什么会这样呢？我想，原因有五个：

第一，周王已经名不副实，不仅德不配位，而且也力不配位了，礼制失去了顶端的压舱石。周王本来应该是礼乐社会这场"大戏"的"艺术总监"兼"男一号"，但到了这时，周王既没有了总监的权威，也自毁了"男一号"的形象和"票房号召力"，导致雄主争霸，甚至群雄并起。到春秋时，周王已经成为舞台中间虚挑着的一个幌子，而诸侯们都来与周王争夺主角之位了。到战国时代，诸侯们连那个幌子也不要了，直接各自称王，竖起了自己的大旗，自己做起了"总监"兼"男一号"。

第二，失去约束的贵族阶层骄奢淫逸，自掘坟墓。有的人狂妄自是，如晋献公因为宠爱一个小女人就要杀害自己的几个儿子，给晋国带来十余年的大乱。有的人拜物纵欲，比如卫懿公宠爱鹤，居然给鹤封了官，赐给俸禄，还给鹤配了辆有座的专车，让鹤代替将军陪自己出行，激怒了官员和人民。后来赤狄攻打卫国，卫懿公准备派兵抵抗，国人都说："让鹤去抵御狄人。"结果卫国大败，卫懿公也被赤狄杀死了。有的人变态虐民，比如卫灵公，他穷极无聊，弄一个弹弓，躲在宫市的阁楼上，打市场上的老百姓玩。他还养恶犬，看谁不顺眼就放犬咬人，经常有人被他的恶犬咬死。

第三，动荡的时代，也使各阶层人民自我意识觉醒，思想逐步解放，礼制中束缚中下层人民的东西也被人民所抛弃。那时也出现了盗跖、庄蹻那样领着人民起来造反的人。跖是著名圣贤柳下惠的亲弟弟，他不满于封建贵族们的统治，也看透了礼教中的虚伪成分，带着人民造反，闹得封建贵族们不得安宁。孔子居然还站在礼制立场上要去说服他，结果也被他羞辱。跖被称为盗，所以历史上叫他盗跖。庄蹻的身份历史记载存在歧义，有的说他是楚国的将军，是奉命入滇开发滇地的第一人；也有的说他是带领人民造反的领袖。毛泽东把盗跖、庄蹻归为人民起义领袖，他的词《贺新郎·读史》中就有"盗跖庄蹻流誉后"之句。可见毛泽东反封建礼教的立场。

第四，社会动荡，政治、军事和外交的需要，使得社会组织结构不断发生变化，人的地位、身份在动荡和博弈中发生变化。诸侯从自身经验和王朝教训中认识到礼制中的弊端，纷纷主动变法改革，许多旧的礼制约束也被抛弃。比如春秋时期，秦穆公用五张羊皮从楚国换回奴隶百里奚，迅速起用和提拔他，帮助秦国称霸西戎。还有战国初期赵国主动解放奴隶，改变他们的身份，释放出他们巨大的活力和战斗力，迅速强化了赵国的力量。其他国家也纷纷效法，原来礼制中对最下层奴隶阶层的束缚和压迫就得以减轻，甚至废除了。

第五，从根本上讲，还是生产力的发展推动社会生产关系变化，使旧有制度瓦解。从西周到东周，社会生产力水平有很大的发展进步。首先是高水平的大型水利灌溉工程建设极大地提高了农业生产力水平，最具代表性的水利工程莫过于李冰父子修建的都江堰。此外，楚庄王时期，楚相孙叔敖主持修建了芍陂；吴王夫差开掘了一条沟通长江和淮河的邗沟；战国中期，魏惠王开凿了鸿沟；战国末期，秦国又修建了著名的"郑国渠"；等等。与此同时，铁质农具的推广、牛耕技术的广泛使用、施肥与防虫技术的提高和一年两熟的种植技术出现等，都是农业生产力提高的重要原因。春秋战国时期，农业生产力发生了长足的进步，战国后期所形成的农业耕作方式和所达到的粮食产量水平，直到清朝末年也没有大的超越。

与农业快速发展一样，春秋战国时期的手工业发展也相当迅速。手工业技术人员中也涌现出鲁班和墨子这样的代表人物。那时的畜牧业（特别是养马技术）、铸造业

（特别是兵器制造技术）、蚕桑和果树栽培技术，还有中医（药）学术，都达到了前所未有的高度，出现了善于识马的伯乐、名医扁鹊等代表人物。

除了生产技术的提高，春秋战国时期的商业也有很大的发展，出现了陶朱公、子贡、白圭、吕不韦、巴寡妇清、蜀国卓氏等富可敌国的大商人。他们的商业经验被司马迁记入了《史记·货殖列传》，直到今天也值得商人们学习借鉴。

整个社会就这样在生存发展竞争中急速发生着变化。

"礼崩乐坏"是社会旧秩序的崩摧，而与"礼崩乐坏"相伴随的就是"弱肉强食"。残酷的弱肉强食，或许也是人类走向文明不可逾越的一段泥泞。

第十一章

弱肉强食

伴随着"礼崩乐坏"的，是天下大乱。

诸侯国之间和诸侯国内部，发生了大量你争我夺、弱肉强食的斗争。诸侯们尔虞我诈、穷兵黩武。各国越制建军，发展武装，彼此混战不止，展开了惨绝人寰的厮杀。这些都违背了西周礼制的框范和宗旨，华夏大地进入了一个长达500多年的乱世。

一、礼乐征伐自诸侯出

按照西周的礼制，天下礼乐征伐的号令都必须由天子发出。然而到了春秋战国时代，华夏大地上发生了从"礼乐征伐自天子出"到"礼乐征伐自诸侯出"（《论语·季氏》）的大转变，礼乐征伐的号令都由诸侯们任意发布了。

春秋早期，诸侯们还常常打着"尊王讨逆"或"尊王攘夷"的旗号。但随着争霸逐利的战争本质越来越凸显，后来大家干脆不再"犹抱琵琶半遮面",而是赤膊上阵了。这个过程,也体现出诸侯们以至诸侯以下的士大夫们逐步脱离了礼制的轨道。

最初"尊王攘夷"的代表人物是齐桓公和管仲。不管怎么说,齐桓公和管仲在确立自身霸权的同时,还真真假假干过几件尊王攘夷、维护礼制的事情,如征伐戎狄、存邢救燕、辅佐周王室嫡长子继位等。

后来,诸侯们逐步施行的是假仁立威,典型代表是宋襄公。宋襄公打仗的时候树一面大大的旗帜,上面写一个大大的"仁"字。但其实他稍不如意就草菅人命,大显淫威。鄫国国君会盟来迟,宋襄公居然将他杀了祭奠河神,只为发泄一己私愤。

很多野心勃勃的大国对周边的小国完全是"打你没商量",更没有天子的号令。类似的故事在春秋战国时期有很多。而那些处在大国夹缝中的国家为了自保,只能见风使舵,唯霸主马首是瞻,哪里还有什么王纲礼制、华夷之辨?比如宋国和郑国。进入春秋后期,楚国一直谋求涉足中原,因此与中原霸主晋国之间发生激烈的斗争。然而晋、楚两个大国之间很少发生直接的战争,他们总是打击附庸于对方的国家。郑、宋等国夹在两个大国之间,成为双方争夺的焦点,处境十分悲惨。从公元前632年(城濮之战)到公元前546年(弭兵之盟)的80多年间,郑国直接遭遇的战争在70次以上,宋国所遭遇的战争在40次以上。每一次面临霸主大兵压境,他们都只能屈膝投降。等这个霸主刚走，另一个霸主又来了，只好再投降一次，每一次投降都伴随着一次深重的盘剥和屈辱。迫不得已，宋、郑两国只能反复投降。后来，宋国两次发起弭兵，也就是国际和平运动，终于在晋楚双方都久战疲倦的情况下，达成了和解，史称"弭兵之盟"，勉强赢得了三四十年的相对和平。

诸侯争霸最后变成了赤裸裸的"复仇"。如吴越争霸，跟王纲礼制没有丝毫关系。

春秋后期，地处东南水乡的吴国和越国先后崛起，这既是两国奋发图强的结果，也是大国政治博弈的结果。北方霸主晋国在与南方强国楚国的长期斗争中难见高下，于是在楚国的东面扶持起一个日渐强大的吴国来牵制楚国。察觉之后的楚国也选择扶持一个与吴国相邻的越国，以牵制吴国。而吴、越两国也在此过程中相互竞争，结下世仇。

公元前496年，吴王阖闾率军攻越，双方战于槜李（今浙江省嘉兴市南）。越国用一批死刑囚徒在阵前自刎。这是时任越国太子勾践设计的奇谋，使得吴军莫名震惊，而越国军队却同仇敌忾，士气大振。勾践趁此发动猛攻，大败吴军。阖闾负伤而死，夫差继位为吴王。吴王夫差即位后不忘国耻。他在自己的寝宫门口专门设一个人，每当自己出入寝宫，就让他问自己一次："夫差，你忘了杀父之仇了吗？"夫差自己回答一遍："未敢忘！"最后，在伍子胥和军事家孙武的帮助下，夫差终于打败了越王勾践。勾践率余部5000人被围在会稽山上。

勾践请降，吴国大臣伍子胥建议不许，认为"今天要不灭越，今后必然后悔"。吴王夫差志在称霸，因此选择了纳降而不是杀降，以免其他国家再不敢投降他了，但纳降条件是越王夫妻到吴国做人质。此后三年，勾践夫妇为吴王阖闾守墓，为吴王夫差驾车养马，小心侍奉。勾践甚至还尝夫差的粪便来帮他判断疾病。勾践的演技之高超，充分赢得了夫差的信任，于是夫差把他释放回国了。

回到越国的勾践卧薪尝胆，发愤图强。在谋臣文种、范蠡辅佐下，他一面进贡珠宝美女，俯首称臣，麻痹吴王，一面重振了越国。后来趁吴王夫差北向中原争霸的机会，他打败了吴国，并逼夫差自杀了。

春秋无义战，此言不差。这些战争的发生，完全违背了"礼乐征伐自天子出"的礼制规矩。面对这样的局面，诸侯各国都是如何应对的呢？

二、越制建军

根据西周礼制，军队的建制也是有规矩的：天子六军，诸侯大国三军、次国二军、小国一军，每一军12500人。各诸侯国不可以越制发展军队。然而春秋战国时期，各诸侯国都通过不同的途径和方式，极力发展军事力量，穷兵黩武。

齐国的做法是"连五家之兵"，实际就是寓军于民、全民皆兵，巧妙地越制扩充军队。这个路子是管仲提出来的，是管仲一整套改革施政策略中的重要一环。关于"连五家之兵"，《国语·齐语》中有管仲与齐桓公的对白，清晰地阐述了管仲的思想和具体做法。

核心思想就是将人民户籍用军队方式编制起来，然后于"四时之隙，从事田猎……使民习于武事"。就是在四季劳作的间隙组织人民进行军事训练，让人民都熟悉军事。这样，"伍之人祭祀同福，死丧同恤，祸灾共之。人与人相畴，家与家相畴；世同居，少同游。故夜战声相闻，足以不乖；昼战目相见，足以相识。其欢欣足以相死。居同乐，行同和，死同哀。是故守则同固，战则同强。君有此士也三万人，以方行于天下，以诛无道，以屏周室，天下大国之君莫之能御"。齐国的行伍之人都共同祭祀祈福，死了相互哀悼和救济亲人，人与人、家与家，世代邻居，发小同伴。所以他们晚上作战的时候，可以凭声音呼喊而不会出错；白天战斗中一眼就能认得，所以不会跑散；他们的感情足以让他们同生共死，战斗中就会非常顽强。照这样组织和训练出三万人来，就足以横行天下了。

管仲的这种建军方式非常隐蔽。在隐蔽地扩充军队数量的同时，还将士卒之间的情感和默契作为增强战斗力的手段，这也是一项深刻的军事创举。齐国军力因此而迅速壮大，为齐桓公称霸提供了强力支撑。

晋国越制扩军的手段是所谓"三军三行"。晋国在西周时是一军，到了晋献公时扩充为上、下两军，晋文公时期扩充为上、中、下三军。到晋文公时，晋国据说为了对付戎狄而大量扩军，又不敢公然越制，就弄出个新概念——"行"，也就是步兵部队。在原来上、中、下三军之外，晋又建立了三支步兵部队，称作"三行"。"三军三行"完全是文字游戏，至少从数量上讲，就相当于六军了，比之周天子是大大地越制了。当然，当时的周王室已经远远养不起六军了。

春秋时期，齐国、晋国还遮遮掩掩地越制扩军。到了战国，各国发展军事力量的做法就彻底堂而皇之了。有的还不惜违背礼制进行军事改革，如赵国的"胡服骑射"。

华夷之辨也是礼制的重要内容。在华夏民族看来，夷狄都是野蛮落后的，学夷狄就是文明倒退，是不被周王朝和中原诸侯们认可的。然而进入战国以后，赵国处于四战之地，是一个相对弱小的国家。它为了自保，想尽办法来强军。到了赵武灵王的时候，他大胆改革，移风易俗，向北方胡人学习军事技术，穿胡人的短装，学胡人骑马射箭，改变了中原国家车战和步兵配合的传统战法，从而大大提升了军队的战斗力。这项改革最初遇到了很大的阻力，主要就是礼制中的华夷之辨的观念。但在赵武灵王的坚持之下，改革最终得以推行，赵国一跃而成为中原军事力量最强的国家，在后来秦灭六国的过程中，成为秦国最大的障碍。

从积极的方面讲，赵武灵王的胡服骑射是不受陈旧观念束缚的大胆改革，值得提倡。但从礼制的角度看，这也属于违背礼教、逾越礼制的行为。

那么各国如此急于强军，要干什么呢？

三、惨绝人寰的杀戮

西周的礼制以和为贵。周成王临终的时候就嘱咐康王，要他"柔远能迩，安劝小大庶邦"（《尚书·顾命》），也就是要怀柔远近，劝大小众诸侯都相安共处，不要争斗。然而春秋战国时代，发生了难以计数的血腥杀戮。各国之间大战大杀，小战小杀，无数场景惨不忍睹。这与西周礼制的要求已相去甚远！

比如楚庄王为了涉足中原，故意派了个跟宋国人有仇的使臣申舟途经宋国出使齐国，还不给宋国出具借道的文书，致使宋国杀了楚国的使臣。楚国即以此为借口出兵攻打宋国，围困宋国都城睢阳（今河南省商丘市）8个月之久。宋都被围，城内粮草尽绝。《春秋公羊传·宣公十五年》记载，百姓"易子而食之，析骸而炊之"。我们无法想象那是怎样的惨状。

再如公元前597年，中原强国晋国想要维持自己中原霸主的地位，与涉足中原的楚国在邲（今河南省荥阳市东北）展开大战。此战由于楚国上下同心，而晋国将帅不和，晋国大败。晋军士兵在败退过程中争船渡河，未能上船的兵士从水中往船上爬，先上船的人就挥刀乱砍自己的同胞。等到船靠了岸，每条船的船舱里面的断指之多，竟至于可以用手捧起来。

进入战国之后，还有更加惨烈的拼斗。如发生在公元前260年的秦赵长平之战，双方合计投入兵力达百万之多，战争前后持续达一年之久。赵孝成王听信了秦国的离间之言，误用只会纸上谈兵的赵括取代老将廉颇，赵括又中了秦将白起的诱敌之计，被围困在长平。在此过程中，双方都紧急动员，倾全国之力增援。秦昭襄王亲自到黄河以北征发 15 岁以上的男子，全部调往长平，同时白起阻断了赵国的救兵及粮道。赵军绝粮 46 天，士兵们暗中在内部相互残杀。《资治通鉴》中这样撰述："九月，赵军食绝四十六日，皆内阴相杀食。急来攻垒，欲出为四队，四、五复之，不能出。赵括自出锐卒搏战，秦人射杀之。"

最终赵国军队惨败，秦国唯恐赵卒反复，又用计坑杀了赵国 40 万降卒，只故意放回 240 个年少的娃娃兵，让他们回邯郸报信。一时之间，赵国大震，邯郸城内家家挂孝，满城哭灵，笼罩全国。如此惨烈的战争，今天想来，依然令人不寒而栗！这个故事也是成语"纸上谈兵"的来历。

这是大国之间的争斗。而那些弱小的国家天天都在风雨中颤抖，不知道哪天就被别人消灭了。如公元前 627 年，秦穆公派孟明、西乞、白乙等率军长途奔袭郑国，路遇郑国商人弦高，被弦高骗了。弦高本来是去贩牛的，遇到秦军，他自称代表郑国国君前来犒师，把自己贩卖的十几头牛献给了秦军，同时他还派手下人火速赶回郑国报信去了。秦军以为军机早已泄漏，郑国已经有了准备，便打道回府，但是又觉得无功而返于心不甘，于是回程途中顺便灭了一个滑国。《左传》在写到这里的时候，只用了 4 个字，说秦军"灭滑而还"；《史记》也是 4 个字："灭滑而去。"可见在左丘明、司马迁这样的史家那里，在那个时代，秦灭滑如同顺手牵羊，是何等容易的一件事情。而对于滑这样的国家，稀里糊涂就遭受了灭顶之灾，没有任何深度的历史记载告知我们滑的灭亡过程，我们也无法想象滑国人民突如其来的灾难。绝大多数的小国灭亡，甚至连一个字的记载都没有留下。

那时每一国都有自己的宗祀，都有自己的祖先和艰苦创业的历史。国家的灭亡，意味着宗祀、社稷、香火的断绝，意味着要当亡国奴。那份耻辱在当时比遭受杀戮还要可怕。有的国君在面临国家灭亡的时候，会抱着祭祀用的器皿殉命。有的国君会忍受奇耻大辱投降。有记载的投降仪式是这样的：国君赤裸上身，反绑上自己，脖子上套上绳索，牵着羊，膝行着去向战胜者乞降，举国沦为战胜者的奴隶（亡国奴）。

春秋时期，各大国直接或间接吞并小国。齐吞并了 9 国；郑吞并了 3 国；卫吞并了 3 国；秦吞并了 4 国；晋吞并了 22 国；楚吞并了 50 国。每一次灭国之战都不是和风细雨的，都伴随着残酷的杀戮。

进入战国时期，各大国间进一步展开了更大规模的残酷厮杀。

礼崩乐坏，弱肉强食，社会失序。对天下苍生而言，春秋战国是一个多么痛苦的时代！面对这样的时代，思想界在作何思考？政治家们又作何选择呢？

第十二章

百家争鸣

春秋战国礼崩乐坏，天下大乱。因为"乱"，所以当时的思想家们都在想怎么去"治"，都在努力为那个乱世开药方。当然，也因为乱，思想的空间也大了，思想界出现了百花齐放、百家争鸣的局面。

那么"百家"到底有多少家？面对那个礼崩乐坏的乱世，他们又有着怎样的思考和见解呢？在思想家们看来，西周开创的礼制还有没有前途？如果不行，新的办法在哪里？

一、百家都在开药方

大家都知道"百家争鸣"这个说法，它来源于战国时代的齐国。齐国国君齐威王要励精图治，就在都城临淄（今山东省淄博市）的一个叫作稷门的城门附近设立了一个学宫——"稷下学宫"，招揽天下各家各派的学者来这里讲学和进行思想辩论。在齐威王和齐宣王两代，稷下学宫十分兴盛，孟子、邹衍、慎到、荀子等一大批学者都曾经在这里讲学，多的时候曾有上千人。据说各个学派都可以在这里自由发表见解，史称"百家争鸣"。齐国建稷下学宫，招揽百家学者，目的是给齐王提供政治咨询，同时通过文化感召力来增强齐国的影响。这些学者们也并不是在这里空谈学术，基本都是在针对时政发表见解，说白了，都是在这里开治世的药方。

那么"百家"到底有多少家呢？

据《汉书·艺文志》的记载，春秋战国时期的思想流派里，数得上名字的就有189家，实际数目远远超过一百家。但真正被学界公认的有较大影响的有"六家""十家"或"九流"之说。

首先是司马迁的父亲司马谈的"六家"之说。《史记·太史公自序》中收录了司马谈的《论六家要旨》，被认为是研究先秦诸子的入门文章。其中，司马谈列举了先秦诸子中最有影响的六个学派，并对每个学派作了精当的介绍和评判。他开篇就说："易大传：'天下一致而百虑，同归而殊途。'夫阴阳、儒、墨、名、法、道德，此务为治者也，直所从言之异路，有省不省耳。"意思是说：《易大传》上说"天下人追求相同，而具体谋虑却多种多样；达到的目的相同，而走的途径却不一样"。在司马谈看来，阴阳家、儒家、墨家、名家、法家和道家这六家都是致力于如何实现太平治世，也就是为乱世开药方的学派，只是他们所遵循的学说不是一个路子，有的直白，有的隐晦罢了。

《汉书·艺文志》将战国时代的主要思想流派分为十家，即儒、墨、道、法、阴阳、名、纵横、杂、农、小说。西汉刘歆在《七略·诸子略》中去掉了小说家，只谈"九流"。所以后世也将百家俗称为"十家九流"了。

应该说，无论"六家""十家"还是"九流"，他们都各有所见，都在为那个乱世开各自的药方。

其中，阴阳家将数术思想和阴阳、五行学说相结合，尝试解说自然现象的成因和变化法则。同时，他们把"金木水火土"五行相生相克的学说引入了政治，提出"五德终始"说，为后世改朝换代的合法性提供了思想支撑。在此之前，改朝换代一直是一个悖论，因为每一个朝代的天子与臣子的关系都是天定的，以臣代君就是违背天意，那么前一个朝代无论多么腐朽，取而代之的新朝的合法性都是个问题。阴阳家用"金木水火土"五行给每一个朝代配上一种德性，因为五行相生相克，所以说下一个朝代克上一个朝代也是合理的。在那个时代，这就从思想上解决了改朝换代的合法性问题。因此，也可以说阴阳家从政治推陈出新的角度，支持了改朝换代，支持了社会的发展进步。

名家利用概念和逻辑进行思辨和辩论。名家的代表人物有惠施和公孙龙。惠施又称惠子。有一次他与庄子在濠水河桥上游玩，庄子看到濠水河里的鲦鱼游得很自在，就随口发了一句感慨："鲦鱼游得很自在，多快乐啊！"惠施就向庄子发难说："你又不是鱼，你怎么知道鱼很快乐？"庄子也不是吃素的，他就借着惠施的逻辑说："那你又不是我，你怎么知道我不知道鱼的快乐呢？"惠施也继续沿着这个逻辑反驳说："是啊，你既然知道我不是你，不知道你是否知道鱼的快乐，那你不是鱼，怎么知道鱼的快乐呢？"庄子又接着这个逻辑说："那就对了，你既然知道我不是你，就不可能知道你是否知道我是否知道鱼的快乐，那么你又不是我，你怎么知道我不知道鱼的快乐呢？"按照这个逻辑，他们可以无休无止地辩论下去。这是一个很有名的名家辩论故事。名家还有一些很有名的论断，如公孙龙的"白马非马""离坚白"等，他们以辩论名实问题为中心，实际就是在用概念和逻辑进行思辨和辩论，以此活跃在乱世的政治舞台上。名家的一个重要的研究命题就是"刑名"，也就是刑法的概念问题，与法家的"循名责实、慎赏明罚"的社会治理理念相呼应。

纵横家对外交思想做出了贡献。这个学派的代表人物是苏秦和张仪，他们分别通过游说实现了合纵抗秦和连横赂秦，极大地影响了那个时代的"国际"政治格局。纵横家提供的国家治理的核心思想就是"安民之本，在于择交，择交而得则民安，择交而不得则民终身不安"（苏秦语）。

以上各家都给那个乱世提供了一些解决之道，但从根本上讲，还是儒、墨、道、法四家的思想最为系统，视野不局限于某一领域，对社会、历史都有比较完整的知识体系，都有明确的社会理想和为实现理想而设定的路径。但这四家也是各抒己见，意见大相径庭。在历史视角上，儒墨道三家主张复古，而法家主张革新；在对待天下的态度上，道家与墨家各执一端，水火不容，但两者都有些脱离社会实际；在社会治理的方法上，儒家与法家针锋相对，对以礼治国还是以法治国争论不休。

二、道墨两端，水火不容

在社会治理问题上，道家和墨家本来都是主张复古的，但在对待天下的态度上，它们各执一端，水火不容。

道家大多出于史官。史官的历史视野比一般人都要宽阔得多。知识背景决定了他们看问题的深度和广度，因此他们比常人更加超然和有远见。道家的核心思想是道法自然。它对社会治理的主要观念就是无为而治。

老子在政治上显得很消极。《道德经》第三章就说：

不尚贤，使民不争；不贵难得之货，使民不为盗；不见可欲，使民心不乱。是以圣人之治，虚其心，实其腹；弱其志，强其骨。常使民无知无欲。使夫知者不敢为也。为无为，则无不治。

意思是说：不评先进，人们就不会相争了；不搞收藏和拍卖，人们就不会去挖坟掘墓了；不向人们展示利益和好处，人心就不会乱了。所以，圣人治理社会，让老百姓心无所思，吃饱肚子；没有追求，强身健体。使人民没有智慧也没有欲望，而且使那些聪明的人也不敢有所作为。这样无为而治，天下就没有治理不好的事了。

老子的社会理想是回到远古。《道德经》第八十章说：

小国寡民。使有什伯之器而不用；使民重死而不远徙。虽有舟舆，无所乘之；虽有甲兵，无所陈之。使民复结绳而用之。至治之极，民各甘其食，美其服，安其居，乐其俗。邻国相望，鸡犬之声相闻，民至老死，不相往来。

就是说：最好让社会回到远古的小国寡民时代去。使人们有效率十倍百倍的工具也不去用它；让人们珍惜生命而不愿意远离故土。有船和车子也没人愿意坐；有武器也没处可用。让人们重新用古老的结绳方式去记事。最好的社会治理，是使人民都觉得自己的那碗饭最香，自己的衣服最美，安于自己的风俗，乐于自己的事。相邻的国家可以相互望见，彼此的鸡鸣狗叫都能听见，但人民老死不相往来。这就是一派原始共产主义场景。

道家为乱世开出的药方就是回归远古，小国寡民，无为而治，人们"鸡犬之声相闻，老死不相往来"，社会就不会这样乱哄哄了。

墨家有一点像手工业行会，也有点像宗教组织。它的核心思想是"兼爱""非攻"。"兼爱"，就是呼唤人们"兼相爱，交相利"，不分亲疏、无论贵贱地相爱，与儒家的

"仁爱"不同，儒家的"仁爱"是由亲到疏、自上而下有等差的。"非攻"，就是制止战争，倡导和平。墨家在政治上主张"尚贤"，就是天下应该由贤德者居之，所以墨家的历代领袖（他们称为"巨子"）采取尧舜禹时代的"禅让制"交接班。

《墨子》书中有一篇叫《公输》的故事，很能反应墨家的社会主张。这个故事说，能工巧匠公输盘替楚国制造了云梯，准备用来攻打宋国。墨子听说后，立刻从齐国出发，走了十天十夜到达楚国的都城，先用道义挫败了公输盘和楚王，让他们认识到攻打宋国是不义之举；接着又与公输盘进行了攻城与防御的沙盘推演，从军事上挫败了公输盘。这时候，已经没有攻城办法的公输盘却说："我知道怎么对付你，但是我不说。"墨子也说："我知道你打算怎么对付我，我也不说。"两个人打起了哑谜。楚王搞不明白他们什么意思，就问他们。墨子就揭露公输盘说："公输盘的想法无非就是把我杀了，那样就没有人能帮助宋国抵御楚国了。但是我来这里之前，就派我的弟子禽滑厘等三百人拿着我发明的守城器械到宋国等着了。"到这时公输盘和楚王一看没辙了，就放弃了攻打宋国。

故事讲到这里似乎已经讲完了，但是这篇记述又加了一个很有意思的尾声，说墨子完成了阻止楚国开战的任务往回走，经过宋国的时候，遇到天下雨，就想到城门洞子里面去避雨，守城的士兵不认识他，还不让他进去。可见，帮助宋国化解了一场战争灾难的墨子，丝毫没有邀功的表现，也丝毫没有名人派头，所以宋国人不认识他，更没有人来迎接他。故事的结尾说："治于神者，众人不知其功。争于明者，众人知之。"意思说运用神机造福天下的人，众人不知道他的功劳；而在明处争辩不休的人，众人却知道他啊。

墨家为乱世开具的药方就是回到尧舜禹的时代，人们平等相爱，维护和平，崇尚贤德，权力交接也实行禅让而不是家传，天下就安宁了。

道家对天下的态度冷若冰霜。《老子》就说："天地不仁，以万物为刍狗；圣人不仁，以百姓为刍狗。"就是说老天爷并不仁慈，它视天下万物为祭祀用的草扎成的狗；圣明的统治者都没有仁爱，也把百姓当作草扎成的狗一样看待。而墨家对天下充满了热情，主张"摩顶放踵，以利天下而为之"。拱破了头，走破了脚，也要为有利于天下而奔走，而且赴汤蹈火，死不旋踵。就是为了天下，赴汤蹈火也在所不惜。

道家和墨家各执一个极端，其实都有些脱离社会现实。最贴近社会现实的是儒家和法家。而儒家与法家也各执一词，争执不下。那么儒法之间，又是如何争执的呢？

三、儒法之争，礼法相抗

儒家所说之"礼"与法家所说之"法"原本是一体的，都在西周的礼制之中。不过在礼制中，礼是主体，法还处于从属的地位。礼制中的法还基本只是刑罚，是维护礼制的保障措施，用来约束人们不从礼制中"出戏"。但到春秋战国时期，整个社会都"出戏"了，礼崩乐坏，法便被完全凸显出来，逐渐发展成一套硬性的制度和技术体系，用来匡正社会，更重要的是帮助君王们集权争霸。到这时，偏于柔性和温情的礼，就显得迂阔了，而法变得更加直接有效。法从礼制中分离出来，发展而自成体系，与原来的礼分庭抗礼了。这使得坚持礼教的儒家非常不安。

儒家学说的创始人孔子就是一个礼学大师，他的学问基础就是周礼，他的政治主张就是回到周礼旧制。坚持礼制的孔子说："道之以政，齐之以刑，民免而无耻；道之以德，齐之以礼，有耻且格。"意思是说，用政令来治理百姓，用刑法来整顿他们，老百姓只求能免于犯罪受惩罚，却没有廉耻之心；用道德引导百姓，用礼制去教化他们，百姓不仅会有羞耻之心，而且会有规矩意识。

孔子年少时常常到周公庙去观礼，虚心学习礼仪。年轻的时候就曾随鲁国的观礼团到周王室去观礼，那时他还没有官职，也没有什么地位，能被纳入国家观礼团，说明他在礼学方面已经很有造诣。35岁时，孔子跑到齐国，齐景公向他询问政事，他的回答就是"君君、臣臣、父父、子子"。这显然是一句文学化了的礼制精髓。后来他50多岁当上了鲁国的大司寇（相当于今天的司法部部长），他的政治理想就是恢复周礼旧制。鲁定公十二年（公元前498年）春天，孔子对鲁定公说："大臣不准收藏武器，大夫的封邑不得超过高一丈、长三百丈的围墙。"孔子的这些观点都来源于周礼的等级规定。结果孔子在与鲁国大夫"三桓"的斗争中失败了，不得不辞官，开始了长达14年的周游列国。在周游列国的过程中，孔子也一直在致力于劝说诸侯们施"仁政"、行"王道"、尚"礼制"。但那时全社会都已经从周礼中出戏了，没有诸侯真正相信他的主张。晚年的孔子回到鲁国，一门心思整理儒家经典，撰写《春秋》，培育人才，弘扬礼制。

《论语》中记载了孔子教育儿子孔鲤的故事。有一天，孔子站在厅堂里，孔鲤从他身边小步走过，孔子叫住他问道："学礼了没有？"孔鲤老老实实回答说："没有。"孔子就教训他说："不学礼，无以立。"意思说你不学礼，就没法立身处世啊。估计孔子对自己儿子没必要唱高调，看来他是真的发自内心的重视礼教。

另一本重要的儒家经典《礼记》中，则大量记录了孔子和其他儒学大师们关于礼的认识和推广。其中《礼运》《大学》《中庸》等名篇非常系统地阐释了礼制的社会理想和实现路径。它的社会理想就是实现小康以至于大同，它的实现路径就是通过每一个人的修齐治平来推进社会文明的进步。

孔子说："郁郁乎文哉，吾从周。"他对乱世开出的药方就是坚持周的礼教传统，形成一个和而不同的和谐社会。

如果说儒家只强调法先王，完全是向后看，那也有点冤枉。其实相对法家之外的其他各家，孔孟还是积极的，他们主张坚守礼教传统中的礼义，在此基础上改良礼制。他们在很大程度上是批评法家过于激进。

孟子讲了一个寓言故事：宋国有一个农夫，他十分期盼禾苗长高，于是就去田里把禾苗一根根拔高，一天下来十分疲劳但很满足，回到家对他的家人说："可把我累坏了，我帮助禾苗长高了！"他儿子听说后急忙到田里去看禾苗，发现苗都枯萎了。这就是成语"揠苗助长"的来历。

在儒、墨、道、法四家中，法家是唯一完全不主张复古而主张革新的。用当时的话语说，就是"不法先王"、不墨守成规，而是毅然决然提倡根据趋利避害的人性重构秩序。

韩非子是法家理论的集大成者。他与孟子针锋相对，也讲了一个寓言故事：宋国有个农夫（注意，也是宋国的农夫），他的地里有一根树桩。一天，一只兔子飞跑过来撞在树桩上，扭断脖子死了。于是，这个农夫就放下农活，天天守在树桩子旁边，等着再有兔子来撞死。然而兔子再也得不到了，而这个农夫的行为遭到了宋国人的耻笑。这就是成语"守株待兔"的来历。讲完这个故事，韩非子说：今天有的人居然想用先王们的老办法来治理当今的百姓，这无异于守株待兔啊。韩非子用这个故事来讽刺那些固守旧的经验来治理社会的做法。

法家认为沿袭西周的礼制，用德治已经无法治理社会。《韩非子·显学》中就说："夫严家无悍虏，而慈母有败子，吾以此知威势之可以禁暴，而德厚之不足以止乱也。"意思是说，家教严的家庭里不会出现暴虐的莽夫，而慈爱的母亲的宽松管教下就会出现败家子，我因此知道威严的气势可以防范暴虐的产生，而宽厚仁德却不可以制止动乱。

儒法两家的歧见，从理论上看似乎源于对人性善恶的判断。然而人性的善恶是一个永远争论不休的话题。人性包括自然属性和社会属性两方面。人的自然属性与动物性相连，有七情六欲，本身也很难分清善恶，关键在度的把握；人的社会属性按马克思的说法，是人的一切社会关系的总和，社会存在决定社会意识。因此，儒与法两家理论的不同，实际是因为它们所基于的社会状况大不相同所致。儒家崇奉的礼制，是基于西周早期相对和谐的社会，而法家所强调的法治是基于战国时代的乱世。

法家理论正是在乱世中成熟的。当时整个社会都从礼制中出戏了，所以法家主张建立硬性的制度和技术体系来治理社会，主张君主用刑、德二柄，也就是大棒与胡萝卜两手；同时用"法、术、势"三招，也就是公开的法律制度、不公开的驾驭之术和强大的权力威势，来帮君王集权，从而把国家变成一部具有高度约束力和强大执行力的争霸机器。

法家讲刑、德二柄，实际是恩威并施。它抓住人性中趋利避害的特点，实施有效控制。

法家主张公开立法，实际就是让人们明本分，守规矩。《慎子》中讲了一个寓言故事来说明这个道理："一兔

139

走街，百人追之，贪人具存，人莫之非者，以兔为未定分也。积兔满市，过而不顾，非不欲兔也，分定之后，虽鄙不争。"意思是说，一只兔子从街上跑过，一百个人去追它，那些贪心的人就在其中，但没有人指责他们，因为那只兔子的所有权没有确定，谁都可以去追。市场上堆满了要出售的兔子，人们经过时看都不看它们一眼，不是人们不想要兔子，而是这些兔子的所有权是明确的，卖之前属于卖家，卖之后属于买家。所以即便是贪欲卑贱的人也不会去争夺它们。

法家主张用不公开的驾驭之术来统御臣民。韩非子提供了很多办法，其中最核心的就是阴晴不定，即统治者在施政策略、个人喜好等方面不要让臣子掌握规律，这样臣子就不能根据你的规律来糊弄你了。

法家还主张用强大的威势来镇服臣民，而这威势来源于权力。韩非子就说："尧为匹夫，不能治三人；而桀为天子，能乱天下。"意思是说，即使像尧这样贤明的人，假如他是个普通百姓，手里没有权力，连三个人他也管不了；而像夏桀这样品行不端的人当了帝王，手中有了权力，就可以把天下搞乱。

韩非子是儒家大师荀子的学生，他对儒家的礼制当然是懂的。他的学说应该说是从礼学中超越出来的。同时他对道家学说也很有研究，他写过《解老》《喻老》。他从老子那里获得哲学上的启示。老子提倡"无为而治"，但老子实现无为而治的途径是回归远古小国寡民的社会，显然不现实。韩非子则通过立法实现了"君无为而法无不为"，即用制度和规矩来管理社会，让社会自行运转，君王就不用管那么多事了。老子的阴柔之术，也成为韩非子驾驭之术的思想源泉。

这就是所谓"百家"给当时的乱世开具的药方。主张无为而治和回归远古的道家思想远水解不了近渴；主张兼爱、非攻和回归尧舜禹的墨家思想盛极而衰；主张仁爱、礼制和回归西周的儒家思想显得迂阔而令人同情。只有法家的主张在战国时代完全占据了主导地位，被各诸侯国所选择。战国历史的发展证明：守成者败、变法者强，变法越彻底者越强。

第十三章

变法图强

　　面对礼崩乐坏的春秋战国乱世，思想界出现了所谓的
"百家争鸣"，实际都在为那个乱世开药方。从思想上看，
百家争鸣的确都很精彩，但在实践中，"百家"中多数都
只是在一定层面和一定范围内倡导和推行，对当时社会治
理的实际影响不大。即便是由儒家孔子亲自担任大司寇摄
相权，也未能改变鲁国的命运。人们对"先王之法"和周
礼旧制已经失去了信心。真正对当时的政治影响最大，在
政治实践中主导变法革新的，无疑是法家。

　　如果要追根溯源，早在春秋时期的管仲那里就可以找
到一些法家思想的线索。但变法大幕正式拉开，各国竞相
将法家思想全面落实于社会变革之中，应当是战国时代的
事情。

　　那么谁是拉开战国变法大幕的第一人？战国时代各国
变法的情形如何？最为成功的变法者又是谁呢？

一、拉开战国变法大幕的人——李悝

与管仲相比，李悝的名气似乎小了很多，甚至很多后人都不知道这个名字。但当我们深入了解他的事迹后就会发现，他可以称得上是中国历史上"依法治国"思想的鼻祖。

李悝是法家代表人物，生于公元前455年，死于公元前395年，他曾任魏国国相，是中国历史上著名的政治家。

在做魏国国相之前，李悝曾做过上郡的郡守。在做郡守期间，他已经展示过法家治理的厉害。上郡西面与秦国相邻，是魏国的边防要地，常与秦国发生军事冲突。李悝想要提高大家的箭术，于是下令对于老百姓中一些难以判断的诉讼纠纷，以射箭来决断输赢，"中之者胜，不中者负"。此令一下，民间争相练习射箭，日夜不停，生怕哪天要通过比箭术来决断诉讼。所以上郡民众的箭术迅速普遍提高，后来再与秦国作战，上地军民的射技令秦军胆寒，起到了极好的御敌作用。

按理说，射技高低与诉讼的是非曲直是风马牛不相及的事情，但在战国时与强秦接境的地区，军事压倒一切。李悝用这个办法鼓励人们练习军事技术，并取得很好的效果，体现了法家之"术"，也堪称奇谋了。

担任魏相之后，李悝特别重视农业。李悝变法主要就是围绕重农展开。他主张"尽地力之教""开阡陌"，特别是推出"平籴法"，极大地发展了农业经济，促进了国家的富强和社会的稳定。

所谓"尽地力之教"，根据《汉书·食货志》记载，大意是通过改进耕作技术和管理方式奖勤罚懒，提高生产力，使得土地大大增产。

"开阡陌"就是将过去传统的井田制中分割土地的阡陌（田界土埂小路）全部开挖成农田。这样既可以增加耕地面积，又可以开展大规模种植和管理，提高了生产效率。与此同时，传统的井田制公田税收模式也全部改成按收成的比例来缴纳租税了。

最值得赞赏的就是"平籴法"。所谓"平籴法"就是政府在农业丰收时以平价收购农民的余粮，并且用更有条件的官仓把余粮储存起来；若逢灾年，政府则平价出售储备粮。这样，丰年时可以防止商人压价伤农，保护农民的生产积极性；灾年时可以防止商人抬价伤害城市居民，避免社会恐慌，使得"谷贱伤农，谷贵伤民"的事情不在魏国发生。这样在魏国就呈现出"虽遇饥馑水旱，籴不贵而民不散"的局面。在那个动荡争霸的时代，只有"民不散"，政权才能巩固。李悝的"平籴法"取得了很好的效果，史传"行之魏国，国以富强"。这个好政策到现代社会也不算过时。

为了推行法治，李悝归纳了当时各诸侯国的刑典，研究写成《法经》六篇，极大地影响了当时和后世。

《法经》六篇就是《盗》《贼》《囚》《捕》《杂》《具》。其中，《盗》是涉及侵犯财产的法律，《贼》是涉及杀人、伤人的法律,《囚》《捕》两篇是有关劾捕盗贼的条文。《杂》律内容很广,包括六禁:淫禁,即禁止夫有二妻或妻有外夫;狡禁,即禁止盗用符玺及议论国家法令;城禁,即禁止人民翻越城墙的规定;嬉禁,即关于赌博的禁令;徒禁,即禁止人民群聚的禁令;金禁,即禁止官吏贪污受贿的禁令。而《具》是《法经》的总则和序例。

《法经》六篇是李悝在法律制度方面做出的重大贡献。《法经》出现后,魏国一直沿用,后来由商鞅带往秦国,秦律即从《法经》脱胎而成,汉律又承袭秦律,所以《法经》在中国古代法律史上有非常重要的地位。据说直到清代,法律的基本框架都是《法经》所"规定"的。因此,说李悝是中国古代法律的"总设计师"也不为过。

正是在李悝的主持下,魏国在战国初期即拉开了变法序幕,从而迅速崛起,称霸天下近一个世纪。其后的楚国吴起变法、秦国的商鞅变法等,都是以李悝的魏国变法为蓝本的。吴起、商鞅等变法改革家,也都可以说是魏国变法过程中培养出来的人才。

李悝变法成功之后,各国都开始效法。那么那些后继者的变法是否也都能顺利成功呢?

二、多国变法功败垂成的缩影——吴起变法

随着魏国变法的成功，战国时代各大国都开始了在法家思想主导下的变法。但是多数国家的变法都半途而废，功败垂成，主持变法的官员也没有好的结局。楚国的吴起变法就是一个缩影。

吴起本是卫国人，曾先后在鲁国、魏国和楚国担任官职。《韩非子·内储说上》记载了一个故事：吴起在魏国担任西河郡守的时候，秦国在靠近魏国边境的地方设置了一个小哨亭，让魏国人感到别扭。不拔掉它，会对魏国种地的农民构成威胁；要拔掉它，又不值得为此调集军队。于是吴起就在城池的北门外放置了一根辕木，然后下令说：谁能把这根辕木搬到南门外，就赏给谁上等田地和上等住宅。一开始没人去搬它，等到真有人搬了它，吴起立即按照命令进行了赏赐。过了不久，吴起又在东门外放了一石赤小豆，并且下命令说："谁能把它搬到西门，赏赐跟上次搬辕木的一样。"人们就抢着去搬它了。然后，吴起下命令说："明天将要攻打哨亭，有能先冲上去拔除它的，任命他做国大夫，赏他上等田地住宅。"结果人们争先恐后，只一个早晨就拔除了秦国的哨亭。这个故事与商鞅在秦国变法开始之前所做的"徙木立信"如出一辙。不过吴起使用在先，而且立竿见影。

吴起曾帮助魏国建立起"武卒"制度，就是用严格的标准和特殊的待遇，遴选和组建战斗力超人的特种兵；积

极推行崇尚军功的制度，就是让立有军功的人，按功劳大小分层次享受荣宠。这使得魏国军队的战斗力剧增，成为战国初期军事上最强大的诸侯国。

但是吴起在魏国并没得到进一步的重用，反而被小人忌惮，被魏武侯猜疑，于是他离开魏国去了楚国。

前面讲过，楚国在春秋时期就已经发展成一个足以与周王室分庭抗礼的大国。但到战国时代，楚国贵族集团腐败，楚王大权旁落，国力日渐衰微。恰好这时吴起来到了楚国。

楚悼王向吴起请教治国之策。吴起告诉楚悼王，要扭转乾坤，只有"明法审令"，尽快变法革新。楚悼王完全赞同，于是先任命吴起为宛城太守，防御韩、魏；一年之后，又晋升为令尹，主持变法。楚国的令尹是一人之下万人之上的官职，吴起就此得到了用武之地。

吴起引入了李悝在魏国变法的经验，制定法令，公布于众。他变法的主要内容有六个方面：

第一，减爵禄。就是对无功劳的贵族及其后代，降低爵位，减少俸禄。而对立有军功或有其他功劳的人，则授予爵禄，从而提高将士和各类新兴势力的积极性；

第二，整顿吏治。据《战国策·秦策三》记载，吴起采取了三项措施来整顿楚国的吏治：一是"塞私门之请，一楚国之俗"，就是杜绝请托之风，廓清吏治；二是"使私不害公，谗不蔽忠，言不取苟合，行不取苟容，行义不顾毁誉"，就是要求官吏公私分明，言行端正，不计较个人得失，立志为变法的新政效力；三是"罢无能，废无用，损不急之官"，就是罢除无能无用之辈，裁减冗官，撤换那些不作为的官吏；

第三，将豪门贵族迁徙到边境，去充实那些地广人稀的地方；

第四，加强军事训练，提高军队的战斗力；

第五，注意耕战并重，亦兵亦农，禁止丁民游手好闲、不务耕作；

第六，改进筑城方法，提高工程质量，加强了郢都的城防建设。

吴起变法在一定程度上促进了楚国从贵族政治向官僚政治的转化，给国家带来了活力。经过变法，楚国的经济、军事等方面得到一定发展，国力逐渐强盛。楚国向北伐魏救赵，收复了被韩、赵、魏占领的陈国、蔡国故地，将势力扩展到黄河岸边；向南平定百越，疆域拓展到江南，占据了洞庭、苍梧之地。一时间，楚国"兵震天下，威服诸侯"。

然而，变法触及了楚国贵族们的利益。正当变法有了起色，楚国蒸蒸日上之际，楚悼王死了。吴起失去了政治靠山，贵族们乘机群起攻击吴起。吴起无处藏身，便跑到楚悼王的尸体旁伏在尸体上，以为这样可以让作乱的人有所顾忌；如果他们伤到王的尸体，根据楚国法律就等于谋反。但追杀吴起的楚贵族们还是射杀了吴起，箭也射到了悼王的身上。悼王葬礼之后，即位的楚肃王杀了所有因射杀吴起而同时射到了悼王尸体的人。吴起虽然借此为自己报了仇，但变法也就此止步了。

与楚国变法一样，战国时期的各大诸侯国都进行过不同程度的变法，如齐国的邹忌变法、赵国的公仲连变法、韩国的申不害变法等，也都取得过一定的成效，但全都半途而废，没能挽救各自国家衰败的命运。

那么有没有一个进行到底并彻底取得成功的变法案例呢？

三、改变中国历史命运的变法者——商鞅

将法家思想付诸实践最为彻底也最为成功的人，叫商鞅。

商鞅，又称卫鞅或公孙鞅。他本是战国时期的卫国人，是卫国国君的后代。商，是他在秦国建功立业之后，秦孝公封赐给他的封地。商鞅约生于公元前390年，死于公元前338年，堪称中国历史上最著名的改革家。

《史记·商君列传》一开篇有一段电影剧本式的生动描写：

魏国相国公叔痤病重，魏惠王亲自来探望他。魏惠王问公叔痤："您的病如果有个三长两短，国家怎么办呢？"公叔痤说："我的中庶子公孙鞅，年纪虽轻，却身怀奇才，希望大王把国政交付给他。"魏惠王沉默不语，因为魏惠王根本没把年轻的公孙鞅放在眼里。魏王要离开的时候，公叔痤屏退旁人，再对魏惠王说："大王如果不打算用公

孙鞅，就一定要杀掉他，别让他出国境。"魏惠王答应后走了。

等魏惠王走了，公叔痤又赶紧召见商鞅，告诉他说："今天大王询问可以担任相国的人，我推举了你，看大王的表情不赞成我的意见。我就对大王说如果不任用公孙鞅，就杀掉他。你赶紧跑吧。"商鞅说："大王他既然不采纳您的建议任用我，又怎么会采纳您的建议杀我呢？"所以商鞅也没有逃跑。魏惠王从公叔痤家出来就对身边的人说："公叔痤真是病糊涂了！他居然让我把国政交付公孙鞅，岂不荒唐！"他果然也没有杀商鞅。

这是《史记·商君列传》开头的记述，是很好的镜头语言，有极强的戏剧效果。所以如果有人要拍商鞅的影视剧，就从这个场景开始最好，司马迁早在两千多年前就写好了剧本。

在魏国得不到重用的商鞅听说秦孝公下"求贤令"寻求贤才，就西行进入秦国，通过秦孝公的宠臣景监见到了秦孝公。最初，商鞅对秦孝公大谈"帝道""王道"之类的大道理，秦孝公听得昏昏欲睡，并且责备景监所荐非人。经过几番试探和长谈，商鞅了解到秦孝公急于强国称霸的需求，就给他讲了"霸道"，即强国之术。秦孝公大为高兴，不知不觉膝盖在跪着的席子上直往前挪动，几乎超出了席子的边缘。商鞅因此得到了秦孝公的信任，开始主导秦国的变法。

从公元前 356 年至公元前 350 年，商鞅大规模地推行过两次变法。杨宽先生《战国史》认为，商鞅第一次变法应在秦孝公六年（公元前 356 年），即卫鞅任左庶长之后。第一次变法的主要内容有三条：

其一，实行连坐，轻罪重刑。商鞅将李悝的《法经》带到秦国颁布施行，同时发展增加了连坐制度，即将百姓"五家为伍，十家为什"地编制起来。如什伍之内有人犯法，必须互相告发，否则同罪连坐。告发"奸人"的与斩敌同赏，不告发的腰斩。一家藏"奸"，什、伍同罪连坐。客舍收留无官府凭证的旅客住宿，主人与"奸人"同罪。

其二，奖励军功，严惩私斗。商鞅建立了二十等军功爵制。从低到高，依次为：1 公士，2 上造，3 簪袅，4 不更，5 大夫，6 官大夫，7 公大夫，8 公乘，9 五大夫，10 左庶长，11 右庶长，12 左更，13 中更，14 右更，15 少上（良）造，16 大上（良）造，17 驷车庶长，18 大庶长，19 关内侯，20 列侯。各级爵位都有相应的政治经济特权。规定斩敌甲士首级一颗赏爵一级，田一顷，宅九亩，服劳役的"庶子"一人。爵位越高，相应的政治、经济特权越大。即便是宗室、贵戚，如没有军功，不得列入宗室的属籍，不能享受贵族特权。同时严惩国民私斗，从而改变了秦国因环境影响国民刁悍易生私斗的民风。

其三，重农抑商，奖励耕织。规定尽力从事男耕女织的生产事业，生产粮食布帛多的，免除其本身的徭役；凡从事工商业和因不事生产而贫困破产的人，连同妻子、儿女没入官府为奴隶。

第一次变法实行几年后，秦国大治，路不拾遗，山无毛贼，百姓勇敢为国作战，不敢私自内斗，城乡大治。

商鞅第二次变法是在公元前350年，变法主要内容有两点：

其一，开阡陌。破除过去每一亩田的小田界——阡陌，破除每一顷田的大田界——封疆，把原来的"百步为亩"开拓为240步为一亩，重新设置"阡陌"和"封疆"。国家承认地主和自耕农的土地私有权，在法律上公开允许土地买卖。

其二，推行县制。把许多乡、邑聚合并成县，把秦国划为41个县，设县令、县丞，由国君任免。

商鞅变法使得秦国大治。但变法改革从来都是权利与利益的再分配，秦国贵族中有很多人怨恨不满。公元前338年，秦孝公去世，太子即位，这就是秦惠文王。一帮贵族立即告发商鞅谋反，秦惠王就派出官吏逮捕商鞅。商鞅逃亡到边关，打算住客栈。客栈的人不知道他是商鞅，说："按商君的法令，留宿没有通行证件的人要判罪。"所以商鞅连客栈也住不成。

后来商鞅被杀，并被灭族。但他在秦国建立的制度已经深入人心。这一历史上著名的变法被冠以"商鞅变法"的名字，足见其影响。商鞅变法促进和支撑了秦国的持续走强。后来秦灭六国，建立强势的大秦帝国，根本上靠的是制度。正是商鞅变法激发了秦国的活力，使其经济社会快速发展，举国形成极强的战略执行力。

历来变法改革因为要与顽固保守势力、与既得利益者博弈，与人性中的贪欲与惰性斗争，所以往往虎头蛇尾，少有成功。但商鞅变法成功了。今天，我们回首商鞅变法，有必要考察其成功的原因。其成功原因归结起来，大概有这样四条：

第一，他顺应了历史发展的潮流。春秋战国时期是封建制度崩溃、官僚帝制时代即将来临的大变局时代，商鞅变法顺应了时代的要求和历史发展的潮流。这是变法成功的根本原因。

第二，他得到了最高统治者的鼎力支持。秦孝公履行诺言，终其一生支持变法。这是变法成功的关键。

第三，他取信于民，得到了民众的支持。这是变法成功的基础。

第四，他不顾个人安危，以身殉法，蹈死无悔。这是变法成功的核心要素。

秦国之兴，商鞅当居首功。尽管人们对商鞅变法褒贬不一，对法家思想也褒贬不一，但商鞅变法确实是为后世中国留下了大量可资借鉴的经验。

第
十
四
章

秦
统
天
下

　　进入战国时代，各国纷纷变法图强，天下进入大争之世。原本相对偏僻落后的秦国，由于商鞅变法的彻底和成功，国家面貌焕然一新，变得极具战略执行力。此后，历代秦国君臣坚定推行法家思想，维护和发展商鞅变法的成果，使国家不断走向强盛。而与之相反，东方六国的变法基本都半途而废，功败垂成，纷纷走向了没落。最终由秦一统天下，充分展示了法家思想的威力。

　　那么，秦是如何坚持法家思想，不断走向强盛，进而实现天下一统的呢？新生的大秦帝国又如何选择了它的治国之策，它与当年的周王朝又有着怎样的不同？

一、法治秦国一统天下

　　前面讲到，商鞅变法以推行霸道为目标，主要内容有五个方面：一是实行连坐，轻罪重刑；二是奖励军功，严惩私斗；三是重农抑商，奖励耕织；四是开阡陌；五是推行县制。围绕这五个方面，商鞅制定了非常严密细致的制度。这些变法内容既集成了东方各国变法的经验，具有普遍性和时代意义，又针对秦国特点，具有秦国的特色。商鞅变法顺应时代，又适合于秦国，所以它成功了。

在上述总体性思想和制度设计之下，秦国还推出了很多具体有效的政策，比如"徕民"政策。

秦国要想富国强兵，就必须大力发展农业，为国家和军队建设提供经济和粮食支撑。而要发展农业，就必须解决秦国地广人稀的问题。为此，商鞅推出一种"徕民"政策，招徕相邻的三晋（韩、赵、魏）民众到秦国来垦荒种地。这项政策规定：三晋民众来秦国定居的，分地分房，并且二代免除徭役；如果自己垦荒，还更加优待，十年不用交纳赋税。规定只让秦国的原住民当兵打仗，徕民只管种田，只要将收获的粮食卖给国家就行了。因此，三晋民众纷纷跑到秦国来了。这项政策使秦国的人口数量迅速增长，农业和经济得到迅速发展，兵源和粮食问题都得到了很好的解决。

此外，虽说是奖励军功、重农抑商，但各方面对国家有贡献的人都可以参照军功授予爵位，以资鼓励。所以各种人都有用武之地，积极性都被激发起来。

秦孝公和商鞅之后，秦国历代君臣坚持法家思想。比如秦昭王用范雎，对内推行"强干弱枝"，进一步强化王权，削弱贵族势力，推进集权；对外实行"远交近攻"，不断扩张。秦王政充分吸收韩非子思想，法、术、势并用，重用李斯等法家人物，进一步将法家思想治国推向了极致。法治秦国日益成为一部东方六国无法抵御的战争机器。

公元前238年，秦王政亲政，开始统一天下的大业，总的战略方针是由近及远，各个击破。到这时，东方六国基本都已礼崩乐坏却又变法不成，已经腐朽没落，不堪一击了。

在秦国强大的军事和政治攻势之下，第一个谢幕的是韩国。韩国的实力在东方六国中最弱，却地处要冲，是秦国统一天下道路上的第一道障碍。在用主力进攻韩国的同时，秦在韩国内部扶植亲秦的势力。公元前231年，韩国南阳郡"假守"（即代理郡守）腾向秦国献出他所管辖的属地。秦王政任命腾为内史，派他率军进攻韩国。腾对韩国了如指掌，所以进展顺利，于公元前230年（秦王政十七年）俘获韩王安，灭亡了韩国。

第二个谢幕的是赵国。公元前229年，秦利用赵国发生大地震和大灾荒的机会，派大将王翦攻赵，赵国派李牧率兵抵御。李牧也是一代名将。双方相持了一年。秦国重金收买赵王的宠臣郭开，让他散布谣言，说李牧拥兵自重，企图谋反。糊涂的赵王轻信谣言，竟然派人秘密逮捕并处死了李牧。失去了主帅李牧的赵军立刻失去了战斗力。秦军如入无人之境，于公元前228年（秦王政十九年）攻破赵国都城邯郸。赵王迁投降，赵国灭亡。

第三个谢幕的是魏国。公元前225年，秦将王贲（王翦之子）率军围攻魏国都城大梁（今河南省开封市西北）。魏军坚守不出，王贲将黄河、鸿沟掘开，引水灌注大梁。3个月后，大梁城墙坍塌，魏王假被迫投降。魏国就此灭亡。

第四个谢幕的是楚国。公元前225年，秦王政派年轻将领李信率20万秦军攻楚。李信年轻冒失，中了楚国名将项燕的计谋，全军覆没。随后，秦王派老成持重的大将王翦率60万秦军攻楚。王翦入楚境后，屯兵休养，坚壁不出，以逸待劳。过了一年多，秦军对楚国水土气候已基本适应，而楚军长期僵持，斗志渐渐松懈，纷纷撤退。这时候，王翦抓住时机，全军出击，一举击溃了楚军主力，杀死了楚军统帅项燕，然后长驱直入，攻占楚国最后的一个都城寿春（今安徽省寿县），俘虏了楚王负刍，楚国灭亡，这一年是公元前223年（秦王政二十四年）。这也是成语"以逸待劳"的出处。

第五个谢幕的是燕国。公元前227年，燕太子丹派荆轲以求和使者的身份前往秦国献图，秦王政得知燕国有主动归顺的意思，以隆重的仪式迎接了荆轲，似要考虑和平解决燕国统一问题。想不到荆轲搞自杀式袭击，刺杀秦王未遂。秦王政震怒，发动大军，提前了灭燕之战。燕王喜权衡利害，杀掉太子丹，将首级献给秦国，但已经不能遏止秦国的攻击。燕王喜逃到辽东。公元前222年，王贲奉命攻伐辽东，俘获燕王喜，燕国彻底灭亡。

最后一个谢幕的是齐国。秦国长期坚持远交近攻的外交策略，在相距最远的齐国大力培植亲秦的官员，包括齐国相后胜。一大批齐国官员也随着后胜亲近秦国。他们根本不抗秦，也不帮助三晋、燕和楚抗秦。公元前221年，消灭了燕国的王贲南下伐齐，几乎就没有遇到抵抗。王贲大军兵临城下，临淄城中的齐王建和后胜立刻不战而降。齐国灭亡。

至此，秦扫灭六国，一统天下。从秦孝公用商鞅变法（公元前356年）到秦始皇统一天下（公元前221年），130余年间，秦国几代君臣坚持法家思想，励精图治，矢志不移，终成大业，建立了中国历史上第一个真正的大一统帝国——大秦帝国。

那么，新生的大秦帝国是一个什么模样？依靠法家思想实现天下一统的帝国，在治理方略上又做出了怎样的选择呢？

二、大秦帝国法治天下

"六王毕，四海一。"从公元前230年到前221年，秦王政凭借秦国100多年变法图强的成果，以泰山压顶之势，摧枯拉朽般扫灭东方六国，建立了大秦帝国。

毫无疑问，嬴政是"千古一帝"。他不仅武功盖世，统一了包含秦晋、燕赵、齐鲁、荆楚、吴越、巴蜀和周边大片少数民族地区在内的广阔疆域，建立了多民族、多文化圈统一国家，而且车同轨、书同文，筑长城，统一货币、度、量、衡，推行了多方面经天纬地的改革。

　　嬴政完成了前无古人的伟业，远远超出了以往任何一代"圣主明君"，所以他特别自负，取"三皇"之"皇"和"五帝"之"帝"，合而令臣民尊称其为"皇帝"，以示其"德兼三皇，功包五帝"。自此，"皇帝"也成为历朝历代臣民对最高统治者的称谓。秦始皇还霸占了"朕"这一自称，将原来天下人都用的这个自我称谓，独占为皇帝一人所有了，这一自称也为后世皇帝们所继承。他还取消了"谥法"，坚决不许后人和臣子们在皇帝死后议论其人品功过和追加谥号，哪怕是美誉也不可以。同时他希望大秦江山千秋万代，所以又自封"始皇帝"，并规定其后继者依次称为二世、三世……以至于万世。

　　那么打算千秋万代的大秦帝国，应该用什么方式来统御和治理呢？这是秦始皇和他的统治集团必须思考的首要问题。

　　为此，公元前213年的一天，在秦始皇和群臣及众儒生举办的一场大型宴会上，众儒生与法家代表之间围绕着帝国是否应该承袭前代做法实行分封制发生了激烈的争论。博士淳于越等人主张实行分封，而以丞相李斯为首的法家则坚持改为郡县制，并指责淳于越等儒生"不师今而学古"，"道古以害今"。最后，秦始皇认可了李斯的观点。

　　于是秦帝国脱离了西周礼制的窠臼，废除了封建制度，建立了中央集权，地方设置郡、县，任命官员管理的政权模式，即官僚帝制。中央在皇帝之下，设"三公""九卿"权力构架。所谓三公（汉以后才正式称三公），即丞相、御史大夫和太尉。秦帝国丞相的权力之大，为中国历史之最。御史大夫负责监察，太尉掌管军队。三公之下有九卿，相当于后世的各部部长，分别是奉常（太常）、郎中令、卫尉、太仆、廷尉、典客、宗正、少府、治粟内史（大农令、大司农）等。地方设郡，由郡守（太守）和监御史负责，最基层设县。万户以上的县，县官称县令，万户以下的县称为县长。

为了铲除其他思想的干扰，建成"法治国家"，秦始皇还采纳了李斯"焚书"的建议，下令除了秦纪（即秦国的史书）、医书、卜筮、农书以及国家所藏的《诗》《书》、百家语以外，凡是列国史籍、私人所藏的儒家作品、诸子百家著作和其他典籍，全部要限期交给官府焚毁。同时，还禁止谈论《诗》《书》，禁止"以古非今"，违者严惩，最重的可判死刑。百姓如果想学习国家的法令，可以拜官吏为师。这件事史称"焚书"。

与"焚书"相关的，还有"坑儒"。但有史家认为秦始皇坑杀的 460 多个人不是纯粹意义上的儒生，而是那些长期骗取秦始皇项目经费、为他寻找长生不老仙药未果还诽谤他的术士。因此，"焚书坑儒"一词用在秦始皇身上可能有点夸大。这个词没有出现在《史记》《汉书》等较近的权威史书中，而是出现在汉武帝朝孔安国写的《〈尚书〉序》中："及秦始皇灭先代典籍，焚书坑儒，天下学士逃难解散。"孔安国是孔子第十一代孙，撰此一词有无感情因素不得而知。

为了全面落实法治，李斯主持制定了秦律。秦律的基本内容源于李悝的《法经》，涉及政治、经济、军事、文化、思想、生活等十多个方面，核心是刑法，明确了社会生活方方面面的底线和对违法者的惩戒制度。当然也有鼓励和导向性的法律制度，如赏赐和授爵的制度规定。秦律比《法经》更加严密完善，也更加严苛，成为秦帝国治理天下的一张新的大网。

至此，秦帝国用法治代替了西周的礼制，完成了帝国的塑形。此后的中国无论如何改朝换代，法治政统都成为政权统治的骨干和有力抓手。历代也都是沿袭秦帝国的官僚帝制，实行中央集权，并始终以县为最基层政权设置。

那么，秦国依靠法治走向富强并一统天下，是否有历史的必然？新生的大秦帝国采取了与西周完全不同的统治模式，又有着怎样的历史意义呢？

三、法统的必然与周秦之变

秦灭六国，一统天下，表面上看靠的是武力，但根本上靠的是法家思想和制度。

有一个非常吊诡的历史现象：后世很多人都喜欢诋毁秦国，称之为"虎狼之国"，给人的感觉似乎东方六国更加文明，它们代表了正统，而秦国是野蛮的。然而，前面我们所讲的礼崩乐坏、君臣异位、弑君篡位、宫闱大乱、伦常大乱等事件，多数都发生在东方六国，而秦国除了春秋末期到战国初期发生了一些内乱，自商鞅变法之后再也没有发生过那些不着调的事情。也就是说，当东方六国礼崩乐坏，或者说还对礼制抱残守缺，实际已经烂到骨子里去了的时候，秦国却在上下齐心、正风肃纪，规规矩矩一心一意谋发展了。

经济上，他们建设了都江堰和郑国渠这两个超级水利灌溉工程，农业生产迅速发展，经济实力远超东方六国。

军事上，他们尚军功，并严格管理，不仅使人们怯于私斗、勇于公战、士气高昂，而且管理严谨，整齐划一。秦国武器制造的质量和管理水平明显高于东方六国，因为秦国有一个"物勒工名"制度，就是在各类物件产品上面都刻有建造的负责机构、监制官员和施工者的名字，武器制造也不例外。例如在秦兵马俑坑的出土文物中，就有一件"相邦吕不韦"戟可以为证，上面刻有文字："五年相邦吕不韦造，寺工詟（zhe），丞义，工成。"意思就是：秦王政五年，由相邦吕不韦监造，由名叫"詟"的兵器铸造官和名叫"义"的小吏负责组织施工，一个叫"成"的工匠完成的制造。假如这个武器到战场上不好用，责任就很分明。可以想见秦的武器质量会怎么样。这个管理方法到现在也有借鉴意义。

政治上，面对礼崩乐坏、弱肉强食的大争之世，秦国全面用法制代替了周的礼制。从王公贵族到庶民百姓，所有人都被纳入法制体系，对所有人的社会行为的要求更加清晰、规范、硬性和可行，既高度集权，又很好地动员了全体国民，激发了全民的积极性，具有极强的战略执行力。

这与礼崩乐坏而又变法不成、腐朽没落的东方六国形成了鲜明的对比。

文化上，秦国在战国末期出现了《吕氏春秋》这样集百家思想于一体的高水平思想文化著作。试问，这时东方六国还有什么像样的文化产品可以与之媲美？

所以，秦统一天下，势所必然。秦的胜利，是法家思想面对乱世的胜利。

与此同时，大秦帝国的建立，在中国历史上具有非凡的意义。

首先，它结束了长达500多年的春秋战国乱世，建立了中国历史上第一个真正的大一统国家政权。它废封藩，立郡县，摈弃封建（封土建国）制度，开启了后世中国两千多年的官僚帝制时代，为后世中国的国体和政体奠定了基本的形制，为后世中国人的政治生活确立了基本的范式，完成了历史中国的塑形。

其次，在社会制度上，发生了具有重大历史意义的周秦之变。这一变化解决了周代及其之前封建制度的两大顽疾，给天下带来了长治久安的可能和人才流动的生机。这两大顽疾，一是之前的封建制度会导致无法避免的封建割据和弱肉强食，给天下大乱埋下迟早爆发的隐患；二是之前的封建社会等级森严，社会阶层固化板结，人才没有流动和上升的通道，社会缺乏活力，而当社会矛盾激化时就会天下大乱。经过周秦之变，真正实现了中央集权，各地都由官员治理，官员可以升降调配，全国一盘棋，没有势力可以落地生根、相互征战，更不用说与中央叫板了。人们根据功劳、能力和学识等，就可以得到个人发展的机会。秦代尚军功，汉代举孝廉，隋唐以后考科举，只要是人才，"朝为田舍郎，暮登天子堂"成为可能，社会活力得以释放。总之，在中国历史上，周秦之变功莫大焉。

那么，历经一百多年局部变法实验成功，后来又推而广之，精心设计出来的帝国制度，是否就可以实现长治久安呢？历史的答案却是否定的。令人不解的是，强势的大秦帝国只经历了两代皇帝就迅速崩溃了，这又是怎么一回事呢？

第十五章

二世而亡

原本偏僻落后的秦国自商鞅变法开始，坚持用法家思想治国，不断走向强盛，最终统一天下，建立了中国历史上第一个真正的大一统国家——人秦帝国。秦帝国以"法制"代替了周的"礼制"，废除了封土建国的封建制度，实行了中央集权和地方郡县制，实现了意义非凡的"周秦之变"。

那么，经过帝国开创者们精心设计又经过 130 余年的秦国局部实践的"法制"，是否就可以保证天下的长治久安呢？

一、始皇之死与帝国命运的转折

自帝国建立起，秦始皇多次巡视天下，展示国威。

然而公元前 210 年，也就是秦帝国建立的第 11 个年头，正值盛年的秦始皇却在出巡的路上一病不起。当队伍走到沙丘（今河北省邢台市境内），秦始皇觉得自己不行了，才给正在上郡（今陕西省绥德县）镇守边疆的公子扶苏写了遗诏。据《史记·李斯列传》记载，秦始皇给扶苏的遗诏内容是："以兵属蒙恬，与丧会咸阳而葬。"意思是让扶苏把军队交给将军蒙恬，然后回咸阳来参与办理丧事。秦始皇将遗诏交给宦官赵高，诏书没有公开，秦始皇就死了。

秦始皇死在了巡视途中，丞相李斯怕天下人知道而发生大乱，就将秦始皇的尸体放在车内，秘不发丧，日夜兼程赶回都城咸阳，一路上依然像往常一样进食和奏事，以遮人耳目。当时天气很热，秦始皇的尸体很快就发臭了，李斯就命人用车装了很多鲍鱼跟在队伍里，用鲍鱼的臭味掩盖尸体的臭味，终于隐瞒着回到了咸阳。

从沙丘赶回咸阳的这段路上，巡视的队伍表面看一切如常，人们浑然不知皇帝已死。而队伍中有三个人却悄然进行了一场紧张的密谋，给帝国的命运搬开了岔道。

秦始皇有 20 多个儿子，第 18 个儿子胡亥很受宠爱。这次出巡，胡亥要求随行，始皇帝答应了，其他的儿子都没有跟着去。

秦始皇死了，宦官赵高扣留了皇帝给公子扶苏的诏书，对公子胡亥（也是赵高的学生）说："上崩，无诏封王诸子而独赐长子书。长子至，即立为皇帝，而子无尺寸之地，为之奈何？"（《史记·李斯列传》）意思是：现在皇帝死了，没有发诏书分封各位王子，而只给长子扶苏写了诏书。扶苏来了就会立为皇帝。而你没有一寸自己的封地，怎么办啊？赵高又说："方今天下之权，存亡在子与高及丞相耳，愿子图之。"（《史记·李斯列传》）意思是：当今天下就掌握在你、我和丞相李斯手里啊！希望你好好考虑一下。

胡亥明白了赵高要怂恿他篡位，但他不敢接受赵高的建议。他说："废兄而立弟，是不义也；不奉父诏而畏死，是不孝也；能薄而材谫，强因人之功，是不能也：三者逆德，天下不服，身殆倾危，社稷不血食。"（《史记·李斯列传》）意思是：废除兄长而立弟弟，这是不义；不服从父亲的诏命而惧怕死亡，这是不孝；自己才能浅薄，依靠别人的帮助而勉强登基，这是无能。这三件事都是大逆不道的，天下人也不服，我自身遭受祸殃，国家还会灭亡。可见这个时候，胡亥的头脑还比较清醒，还不敢越道义的雷池。

赵高一看胡亥心理上还跨不过道义这道槛，就引经据典，用商汤革命、周武革命讲起了篡位夺权的合理性。赵高所讲的道理其实很牵强，他所举的商汤革命、周武革命，与眼下胡亥面对的局面风马牛不相及。不过他深谙人心，看透了胡亥，只是在帮助胡亥做篡位夺权的心理建设罢了。

果然，得到心理辅导的胡亥心思活络了。得到胡亥允诺的赵高就去找丞相李斯。李斯听了赵高的想法，开始也很惊讶。他说："安得亡国之言？此非人臣所当议也。"（《史记·李斯列传》）意思说：你怎么能说出这种亡国的话呢？这不是做为人臣所应当议论的事！精于说项的赵高立刻又站到李斯的利益立场上，说："您自己估计一下，和蒙恬相比，谁更有本事？谁的功劳更高？谁更谋略深远而不失误？天下百姓更拥戴谁？谁与长子扶苏的关系更好？"

赵高一连串地发问，让李斯比较一下自己与将军蒙恬的高低，意在启发他：如果按秦始皇的遗命，让公子扶苏继位，将军蒙恬必然会受重用而取代李斯的地位。这一下就戳中了李斯的痛点。

接着，李斯也上道了。他半真半假地说了些忠臣守节的话，赵高也像对胡亥一样陪他讲了些歪理，进行了心理辅导，他们就达成了一致。他们伪造了秦始皇的诏书，立胡亥为太子；又伪造了一份赐给长子扶苏的诏书，把扶苏屡次劝谏秦始皇的一些话说成是不孝，还说扶苏和蒙恬在北方御敌没有功劳，结论就是："扶苏为人子不孝，其赐剑以自裁！将军蒙恬与扶苏居外，不匡正，宜知其谋。为人臣不忠，其赐死，以兵属裨将王离。"（《史记·李斯列传》）扶苏和蒙恬分别以"不孝"和"不忠"之名被赐死。赵高几人将诏书盖上皇帝玺印封好，派胡亥的门客携带诏书到上郡交给扶苏。使者回来，汇报了扶苏自杀的消息，胡亥、李斯、赵高都非常高兴。

巡视的车队回到咸阳，胡亥、李斯、赵高的大事已定，这时才举哀发丧。太子胡亥被立为二世皇帝，赵高担任郎中令，常在宫中服侍皇帝，掌握大权。

《资治通鉴》中记载了一种说法感觉比较可信，解读了赵高为什么铁了心要篡改诏书，另立太子。将军蒙恬和他的弟弟蒙毅都深受秦始皇的信任。宦官赵高曾经犯了重罪，蒙毅负责查处，主张按律处死；秦始皇看赵高做事灵活，就出面把他保了下来。因此，赵高对蒙毅怀恨在心，而蒙毅的哥哥蒙恬又手握重兵在辅佐公子扶苏，所以如果公子扶苏继位，那他赵高的好日子恐怕就到头了。这个故事从另一个方面说明了赵高积极促成矫诏篡位的原因。

问题是，阴谋家未必是政治家。后来，登上皇位的秦二世昏暴无能，不断被狡诈的赵高架空，李斯也被赵高害死。赵高大权独揽，朝堂上还出现了"指鹿为马"的闹剧。而胡亥和赵高都缺乏威望，又都不是治国理政的能手，于是他们总是采取高压和阴谋手段来打压群臣以维护权威，对天下难题却束手无策。

严密的帝国法制没有约束住赵高、李斯这样的权臣，没有约束住胡亥这样的逆子，没有保证好权力的安全交接。

那么严苛的秦律是否又能压制住天下臣民，维护住帝国的江山呢？

二、揭竿而起与攻守之势异也

正当帝国朝廷中发生着矫诏篡位、争权夺利的斗争的时候，天下的矛盾也此起彼伏。而二世皇帝一味作威作福，权臣赵高则大搞权谋，排除异己。韩非子理想的"君无为，法无不为"并没有实现，严苛的秦律不仅没有压制住天下臣民的反抗，反而更加激发了民怨的火山。

秦二世元年七月，朝廷征发民夫去驻守渔阳（今北京市密云区境内）。九百人驻扎在大泽乡（今安徽省宿州市埇桥区大泽乡镇），恰巧遇到天降大雨，道路不通，估计已经误期了。按秦律误了期限都应当斩首。戍卒当中有两个屯长名叫陈胜和吴广，他俩就商量说："今亡亦死，举大计亦死；等死，死国可乎？"（《史记·陈涉世家》）就是说：现在逃跑也是死，发动起义也是死，同样是死，为国而死如何？

陈胜接着说：

> 天下苦秦久矣。吾闻二世少子也，不当立，当立者乃公子扶苏。扶苏以数谏故，上使外将兵。今或闻无罪，二世杀之。百姓多闻其贤，未知其死也。项燕为楚将，数有功，爱士卒，楚人怜之。或以为死，或以为亡。今诚以吾众诈自称公子扶苏、项燕，为天下唱，宜多应者。
>
> ——《史记·陈涉世家》

吴广认为他讲得很对。于是两个人就去占卜。占卜的人明白他们的意图，就说："足下事皆成，有功。然足下卜之鬼乎！"（《史记·陈涉世家》）意思是：你们的大事都能成功，可以建立功业，可以再去问问鬼神。陈胜和吴广明白这是教他们利用鬼神来威服众人，于是就用丹砂在绸子上写了"陈胜王"几个字，塞进别人所捕的鱼肚子里。士兵们买鱼回来烹食，发现鱼肚子里面的帛书后感到奇怪。陈胜派吴广到驻地旁边，在丛林里的神庙当中装狐狸嗥叫的声音大喊："大楚兴，陈胜王！"戍卒们听到了，都惊恐不安。第二天，大家就议论纷纷，指指点点，互相以目示意，看着陈胜。

吴广向来爱护士兵，戍卒大多愿意听他差遣。有一天，押送戍卒的将尉喝醉了，吴广故意多次说想要逃跑，激怒将尉，让他侮辱自己，以激怒那些戍卒们。将尉果真用竹板打吴广，还拔剑要杀吴广，吴广跳起来夺剑杀了将尉。陈胜也上来帮忙，一起杀了两个将尉。于是陈胜召集戍卒们说：

公等遇雨，皆已失期，失期当斩。藉第令毋斩，而戍死者固十六七。且壮士不死即已，死即举大名耳，王侯将相宁有种乎！

——《史记·陈涉世家》

这就是千古名言"王侯将相宁有种乎"的来历。戍卒们都说："敬受命！"陈胜、吴广就此揭竿而起，发动了起义。《史记》说他们"乃诈称公子扶苏、项燕，从民欲也"。

令他们没想到的是，天下响应的人多不胜数。秦朝的使者从东方打探回来，把各地造反的情况报告给秦二世，胡亥听了大怒，居然把使者关进了监狱。后来再有使者回来，秦二世询问东方的情况，使者就敷衍他说："是一群土匪强盗，各郡的守、尉们正在追捕他们，如今已经全部抓获，不值得担忧。"秦二世听了这样的消息很高兴。

然而事实上，陈胜、吴广建立了张楚政权，陈胜称王。很多人也跟着在各地称王。刘邦在沛县（今江苏省徐州市下辖县）起兵，项梁、项羽在会稽郡（今江苏省苏州市城区）起兵。

到秦二世二年的冬天，陈胜已经拥有几十万军队，向西攻到了戏水（今陕西省西安市临潼区东），秦二世才大为惊恐。朝廷的少府章邯认为，要调集各地的军队抵御已经来不及了。在他的建议下，秦二世免除了在骊山一带服刑的奴隶们的罪，组织起队伍来打败了陈胜的军队，进而乘胜追击，在城父县（今安徽省亳州市东南）杀死了陈胜。章邯的军队与西进伐秦的项羽在巨鹿（今河北省邢台市中部）一场鏖战，这一战项羽表现出卓越的军事才能，破釜沉舟，打败了秦军。当时在秦帝国朝廷里掌权的赵高害怕在外的将军们立功，章邯等人看到打败仗是死，打胜仗也是死，干脆投降了项羽。

而另一路西进的刘邦军队进攻到武关（今陕西省商洛市丹凤县东）。赵高这时害怕秦二世发怒，一方面躲着不上朝，一方面安排他的女婿咸阳令阎乐和弟弟赵成谋杀皇帝。赵高还扣着阎乐的母亲作为人质，由阎乐进宫，逼秦二世自杀了。

杀了秦二世胡亥，赵高又拥立公子子婴。子婴设计杀了赵高，灭了他的三族。但对大秦江山，子婴已无力回天，便主动投降了刘邦。

经过陈胜、吴广起义和项羽、刘邦等各路豪雄的打击，秦帝国终于在公元前207年二世而亡了。

当初，秦国的法律是多么的严密，连主持变法的商鞅自己都难逃法网；秦的军队又是多么的强悍，令世人胆寒。而民不畏死，严刑峻法又能如何？正如贾谊在《过秦论》中所说的那样："仁义不施，攻守之势异也。"大秦帝国就这样轰然倒塌了。

那么，大秦帝国二世而亡的原因何在呢？

三、独行法家的局限与历史的必然

在我看来，大秦帝国的崩溃既有偶然因素，也有必然原因。

偶然因素是帝国立国日浅，根基未稳，而始皇早逝；加之小人作祟，传位非人，权力中枢陷入混乱。

秦帝国是一个疆域广阔、多族群、多文化圈的统一大帝国。帝国统一的时间还很短，被灭亡的各诸侯国从统治者到臣民都还没有从心底服从，甚至很多人都对秦怀有国仇家恨。

比如后来追随刘邦的张良，他的先人曾担任过五代韩王的相国。秦灭韩国之后，张良散尽家资，找到一个大力士，并给大力士打制了一只重达120斤的大铁锤。公元前

218 年，在秦始皇东巡的必经之路博浪沙（今河南省原阳县城东南），张良指挥大力士刺杀秦始皇，然而只击中副车。秦始皇因多次遇刺，早有防备，还时常换乘座驾，张良当然无法判断哪辆车中坐的是秦始皇了。秦始皇十分恼怒，下令缉捕刺客。张良到处躲藏，浪迹天涯。像张良这样仇视秦始皇和秦帝国的，当时还大有人在。

这时的天下，需要秦始皇这样英武的皇帝来震慑。然而，秦始皇却在 49 岁的盛年突然病逝。而此时帝国立国日浅，天下未定，包括政权交接等许多大事还没有谋划。

同时，秦始皇也没有想到，自己仓促之间嘱托后事的赵高怀有私心，矫诏扰乱他的布局，传位非人，导致帝国的权力中枢陷入了混乱。

必然原因是统治者骄奢淫逸，严刑峻法，民不聊生。

秦始皇在世的时候，就有修筑长城、修建皇陵等浩大工程。考古勘探表明，秦始皇陵区的范围达到 60 平方千米左右，大约相当于 80 个故宫。据《汉书》记载，陵墓封土的设计高度是 50 余丈，大约 115 米，相当于 40 层楼高。这在所有中国古代皇陵中空前绝后。当然可能因为秦末战乱，所以并没有完成施工。但就是建成的 50 余米高的封土内，也藏有 30 米高——相当于今天 10 层楼高——的一组 9 层夯土高楼建筑，规制惊人。墓中的奢华也超出人们的想象，《史记》说秦始皇陵地宫中"宫观百官，奇器珍怪，徙臧满之"，《汉书·楚元王传》也说其中"黄金为凫雁，珍宝之臧，机械之变，棺椁之丽，宫馆之盛，不可胜原"。在墓葬区内，还有兵马俑这样让世人叹为观止的大型陪葬坑。当时天下能工巧匠都被征召来为皇帝服务，不计成本，只求最好。此外，秦始皇渴望长生不老且迷信方术，被方士们骗了好多项目经费去。比如方士徐福，他借机带了好多童男童女和钱财物资东渡而去，一去不回。这些都给人民带来了沉重的负担。秦二世继位之后，更是变本加厉，人民苦不堪言。

而在我看来，秦灭亡的最根本的原因是单纯依靠法家思想，用严刑峻法来治国。

《管子》说："以国为天下，天下不可为也。"就是说将在一个国家取得的成功经验简单地推广到天下，这是行不通的。秦的"法制"在战国纷争的时代的确取得了成功，但天下统一之后继续简单地实行这一套，还行不行呢？

秦帝国的统治存在致命的缺陷：它只坚信旧时秦国在管理实践中形成的"法制"经验，来统领一个多民族、多文化圈的庞大帝国，根本上忽略了社会和人的思想情感的复杂性，强抓"政统"，缺乏"道统"，只抓"法治"，而没有统摄人的思想灵魂的意识形态。整个国家犹如强力挤压下的一抔干沙，没有起内在凝聚作用的"凝合剂"——为社会所普遍接受的包含了社会共同情感和理想的主流思想。秦帝国所赖以维系的秦律，完善严密，且非常严苛。它反而加剧了朝廷与人民之间的矛盾，给秦帝国埋下了祸患。

西周的礼制虽然维系了周王朝数百年，但最终以天下大乱、周秦之变而收场。在天下乱局中，靠法家强盛的大秦，却也因为单纯的法统而迅速崩溃了。那么究竟什么样的社会治理模式才是更好的呢？中华民族依然在历史的进程中不懈地探索。

其实，早在战国时代，荀子就从理论上做了深刻的探讨和论证。在荀子看来，只有"礼""法"合一，社会才能大治。荀子的论证为汉代及其以后的中国构建了重要的政治理论框架，但他的这一伟大贡献，后人却很少关注。

那么，荀子究竟是如何从理论上进行"礼法制度"的论证和建构的呢？

第十六章

隆礼重法

西周之后，礼崩乐坏。特别是进入战国之后，人们对礼教已经完全失去了信心，代之而兴的是法家思想，各国纷纷变法图强。然而，靠变法走向强盛且最终统一天下的大秦帝国，却只经历了两代皇帝就迅速灭亡了。

西周崇奉的"礼制"崩溃了，取而代之的秦帝国"法制"也失败了。那么，中国社会究竟应该采取怎样的政治思想和治理模式呢？

其实，早在战国末期，儒家大师荀子就从理论上回答了这个问题。

一、儒家对礼教传统的坚守与发展

春秋之后"礼制"体系的动摇，给人们带来了迷茫。面对社会变化，人们手足无措，在传统的礼教与现实的利害之间无所适从。

孔子的高足子夏就曾坦率地说："出见纷华盛丽而说，入闻夫子之道而乐。二者心战，不能自决。"子夏的意思是说，他出门时看到缤纷华丽的甚或还有些奢靡的社会风尚而心生愉悦，回到杏坛又为孔子所传授的道义所倾倒和陶醉。社会潮流与夫子之道在他心里打架，他自己也不知道该听从哪一边。动荡的社会使人们感到不安，许多人在迷茫与矛盾中怀念礼教传统，诅咒离经叛道。《诗经·相鼠》中记载了当时人们对违礼者的诅咒："相鼠有体，人而无礼；人而无礼，胡不遄死？"那些无礼之人，怎么不快死啊？！

但是，无论人们的主观意志如何，"礼制"的衰败已经不可挽回。洞明世事的老子就曾劝孔子说："明智的人，生逢于时则竭尽全力发挥才干，生不逢时则隐于山水，回归自然。"老子自己就弃官隐居，追求"自隐无名"去了。

而孔孟等儒家大师的伟大在于，他们并不是不识时务，而是他们深刻认识到了传统礼教的精髓和价值，"明知不可为而为之"。

在孔子看来，"礼制"体系中的一些具体制度条款是可以改革的。儒家所要坚守的是传统礼教中的伦理道德，是作为礼教精髓的礼义。在"礼制"体系中，礼制是末，礼义是本，礼制若不能体现礼义的精神，就失去了存在的价值。孔子说："礼云礼云，玉帛云乎哉？"意思是说：礼啊，礼啊，难道就是那些用来祭祀的玉帛吗？礼的要义在于心诚，对此，当时很多有见识的人都是同意的。《左传》

中记载，一次鲁昭公出使晋国，进退周旋皆合礼节，十分得体，得到了晋平公的赞许。而晋国三军司马女叔齐却评价说："鲁侯焉知礼？"他认为鲁昭公并不知礼，或者说他知道的不过是礼的末节，是礼的仪式，而不是礼义。他进而阐释说：礼的作用在于"守其国，行其政令，无失其民"。而鲁昭公民心离散，公室四分，政令不行，虽然在形式上做得周到，却不可谓知礼。《左传》中说："君子谓叔侯（即女叔齐）于是乎知礼。"也就是说，当时的君子们认为从这件事可以看出女叔齐是知礼之人。

孔子着重强调的是礼义的价值。孔子之后的孟子进一步从人性深处去论证了礼教的可行。他认为人皆有善端，通过教化引导，"人皆可以为尧舜"。荀子与孟子有所不同，他认为人性有恶，但他也认为人可以通过教育而"化性起伪"，即通过教化把人性的恶摈弃掉，养成"伪"的，也就是人为的君子品格。

儒家坚信，只要坚持不懈地"教以人伦"，使"父子有亲，君臣有义，夫妇有别，长幼有序，朋友有信"，天下便不患不治。

儒家对礼教的坚守和发展，使得传统的伦理道德——忠孝节义等得以系统化、理论化，并且使"孝"成为道德的核心和做人的根本。

《孝经·开宗明义》道："夫孝，德之本也。"在儒家理论体系中，孝与不孝，绝不仅仅是个人的品德问题，它关系到国家的安危治乱。孔子的另一个门生有子说："其为人也孝悌，而好犯上者，鲜矣；不好犯上，而好作乱者，未之有也。"就是说一个人如果孝敬父母，友于兄弟，就不会犯上作乱。《孝经·广扬名》总结说："君子之事孝亲，故忠可移于君；事兄悌，故顺可移于长；居家理，故治可移于官。"就是说孝这种品德可以迁移和拓展到忠君爱国。这就是"修身、齐家、治国、平天下"思想体系的渊源。

人之所以为人，皆因为有情有义。社会的治理，如果完全抛开了"情""义"二字，变得薄情寡义，单求秩序和物质文明的进步又有何意义？情义是人类追求秩序和物质文明，也就是进行社会治理的出发点和归宿。所以孔子认为，"承天之道，以治人之情"，使人们为人处世"发乎情，止乎礼"，才是"礼制"的精华。

在春秋战国时代，正是由于以孔、孟、荀为代表的儒家在几乎全社会都对礼教失去信心的时候依然坚守并不断完善和发展，使得礼义明晰出来，伦理道德知识逐渐体系化、理论化，个人的教化成长与社会的和谐发展之道被贯通起来，让后世中国社会的治理始终充满了人间温情。在动荡的时代和弱肉强食的社会中，儒家顽强保存了中华文明的精髓和火种。

然而，法家毕竟在当时那个乱世中占据了上风，且取得了显著的治理成效。那么，儒家与法家，礼与法，究竟谁对谁错，谁优谁劣？两者之间有没有融通的可能呢？

二、荀子入秦

儒、法本来各执一端，争论不休。但战国末期秦国法家改革的成功，引起了儒家大师荀子的关注。荀子摈弃门户之见，打破儒不入秦的偏见，亲自到秦国进行了考察。

荀子入秦的时间在公元前 263 年前后，此时秦国已是秦昭王时代。从公元前 356 年商鞅变法开始到荀子入秦，秦国已经以法家思想治理近百年，取得了巨大成功。

荀子在秦国首先见到了宰相范雎。《荀子·强国》中记载，范雎问荀子来到秦国有什么见闻，荀子回答说："秦国要塞险峻，地势便利，山林河谷都非常秀美，上天赐予的物产也十分丰富，这是秦国在地理上的优势。进入国境观察当地的风俗，百姓淳朴，音乐不流于淫秽，服饰也不轻佻艳丽，对于管理他们的官员十分敬畏而顺服，就像是上古时代的人民一样。走到大小城镇的衙门官府，官员们都很严肃，谦恭节俭，敦厚谨慎，忠诚守信而不粗疏草率，就像是上古时代的官吏一样。进入国都观察秦国士大夫，他们离开自己的家门就进入朝廷的衙门，走出朝廷的衙门就回到自己的家门，没有自己的私事。他们明智通达，廉洁奉公，不结党营私，就像是上古时代的士大夫一样。观察秦国的朝廷，所有的事情都被处理完毕，安闲得好像无所治理一样，这就是上古时代的朝廷啊。因此秦国四代以来国家强盛，并非侥幸，而是治理的必然结果。这就是我所见到的。国家政治安闲而有治，简约而又周详，不烦乱而能有功绩，这是政治治理的最高境界。秦国已经很接近这一境界了。"可见荀子对秦国的法家治理给予了高度的评价。

但同时荀子也指出，秦国也有令人担忧的地方。他分析说："大概是因为秦国没有儒者的缘故吧。要知道，治道纯粹就能王于天下，治道驳杂就能称霸诸侯。两样都没有，国家就会灭亡了。这恰恰是秦国所欠缺的东西。"

范雎将荀子的这番话报告给了秦昭王。秦昭王很快便召见了荀子。《荀子·儒效》中记载了荀子与秦昭王的对话：

一见面，秦昭王就问荀子："儒者对于国家有什么用处呢？"荀子回答说："儒者效法先王，尊崇礼义，谨慎地遵守臣子的本分。君王如果任用他们，他们在朝廷上执掌事务可以处置得宜。君王如果不任用他们，他们就作为百姓恭谨而顺从，即便穷困受冻挨饿，也不会依靠歪门邪道取利来满足自己的私欲。他们即便没有立锥之地，也能明白维护国家社稷的大义。他们通晓让百姓安居乐业的道理。他们居高位时，具有足以成为王公的才能；居下位时，则是国家的栋梁，国君的重宝。"

为了证明自己的观点，荀子举出了孔子的例子："孔子将要担任鲁国司寇的时候，奸商沈犹氏不敢再在早晨把自己的羊喂饱了水以欺骗买主，公慎氏休弃了自己淫乱的妻子，一贯胡作非为的慎溃氏逃出了国境，甚至鲁国市场上卖牛马的人也不敢再抬高价格，这是因为孔子以正道来对待他们。孔子居于阙里的时候，阙里的子弟捕获的猎物不分彼此，家里亲戚多的人就分得多点，这是因为孔子以孝悌来教化他们。"对此，荀子总结说：儒者的作用是在朝廷之中便美化朝政，在朝廷之外则美化风俗。

秦昭王听了荀子的话，无法反驳，只能回答说："好吧。"但秦昭王最终也没有接受荀子的建议。

可见，荀子入秦考察，对秦国的法制之功给予了充分的肯定，但同时也预感到秦国的巩固、有序和强大维持不了多久。因为随着秦国国土的扩张，其统治范围内的情况已经变得十分复杂。而法家脱离了礼义的价值指导，只根据具体情况来行事，即所谓"以便行事"，使法沦为纯粹的统治工具。法家一味用"利害"来诱导和约束人，最终会导致社会被物欲所控制。人们见利忘义，而当人们在对严刑峻法忍无可忍时，则会起来造反。所以，荀子入秦，进一步看到了"法"的优势，也预见了法家有致命的局限性。

荀子提出了解决秦国问题的办法："力术止，义术行。"他建议秦国不要再进一步强化法度的工具性效应，而要选用端诚信全的君子，施行礼义，重视礼仪教化的作用，使人们在心中树立对礼义、礼法的喜爱、尊崇之情，从内心拥护礼法，愿意服从礼法制度，这样就可以真正保证礼法的有效实行，社会才能实现长治久安。

荀子是历史上第一个将"礼"与"法"合并起来，提出"礼法"这一概念的人。荀子对礼制和法制有如此深刻的认识，那么他在社会治理的思想和理论上又有着怎样的思考和建树呢？

三、隆礼重法，群居合一

对于荀子，大家都不陌生。但关于荀子对中国"礼法"制度构建的思想和理论贡献，知之者可能不多。

关于荀子的生平，历史记载不多。但他到过儒家不屑进入而法家治理辉煌的秦国，也三度担任以"百家争鸣"著称的齐国"稷下学宫"的祭酒。这样的经历使他比传统儒家人士的视野更加开阔，从而发展了孔孟儒学。其一，从哲学深度上，荀子拓展了对人性和社会基本矛盾的认识。荀子认识到人性有恶，因此而需要教化，也相信通过教化可以使人"化性起伪"，变成君子。荀子所揭示的社会基本矛盾是"人多欲而物寡"，翻译成今天的话就是：人们的欲望追求多而物质供给少。其二，以人性论和对社会基本矛盾的判断为基础，荀子创造性地将儒家之"礼"与法家之"法"合二为一，提出了"礼法"概念，构建了"礼法"制度理论，畅想了人类走向"群居合一"的理想与可能。自汉代以后直至清朝，中国历史的实践正是选择了"礼法"制度的统治，才使得以中华民族相对长治久安，绵延发展。所以，从某种意义上说，荀子为中国汉代以后近两千年的制度建设做出了重要的思想理论贡献。

针对人性之恶，荀子认为，除了教化，还需要"定分"。荀子说："人之生不能无群，群而无分则争，争则乱，乱则穷矣。"就是说，人类需要群居才能生存，但要和谐群居，又需要有所分，因为人性有恶。所谓分，就是每个个体在群体中要有明确的自身定位和相应的权利、义务的定位与区分。在分的基础上，再通过共同遵守的规则来维系，形成群体内部个体之间的相互关系和作用，来实现共同的生存和发展。这就是荀子提出的"群居和一"。

这里需要阐明的是，荀子所说之"礼"已经非常明确是指"礼义"，荀子所说之"法"就是法家提倡的"法度"。实际上，"礼义"与"法度"对国家治理各有其用。"礼义"作为超越性的价值理念，对国家有长久引领和使国家和谐、稳定的作用；"法度"作为工具性手段，对国家有快速起效和使国家有序、一致的作用。但两者各自都有局限。荀子清晰认识到，礼义与法度刚好可以互补、互相支撑，两者的配合能使国家得到更好的治理。

荀子没有停留于理念，他对礼义与法度的结合方式进行了深入的研究和设计。他提出了国家治理中礼义与法度结合的三个方式。

第一，将礼义贯穿于法度。

荀子将"礼"与"法"结合之后，再提的"法"就成为"王者之法"，与法家之"法"已经不同。其根本不同在于，有礼义贯彻其中，有礼义作为立法和司法的灵魂。荀子认为，脱离礼义的法是非礼之法，没有归宿。一味顺上下之意，只注重法律条文，不可以经国定分，只能短时间成就霸道，不可保万世，而且有灭国之忧。

荀子认为，只有将礼义融入贯穿到法度之中，礼义才能落实，法度也才能处处体现礼义的公平正义精神，法度才能具有稳定、永恒的价值。在这种价值理念的指引下，法的威信才能得以确立，法才是良法。从法理学角度来看，荀子对礼义的公平正义精神进行了探索，并将其融入法律制度的建设之中，是古代法律思想的一大进步。

第二，礼义与法度当各有主要作用的范围和对象。

《荀子·富国》篇中说：

必将修礼以齐朝，正法以齐官，平政以齐民；然后节奏齐于朝，百事齐于官，众庶齐于下。如是，则近者竞亲，远方致愿，上下一心，三军同力，名声足以暴炙之，威强足以捶笞之，拱揖指挥，而强暴之国莫不趋使，譬之是犹乌获与焦侥搏也。

意思是说，针对不同的社会对象，国家管理的侧重点和方式不应完全相同。在朝廷里要注重礼义，使朝廷上下都遵制守礼，通过提倡"德必配位，位必称禄，禄必称用"的原则，来提升士大夫的道德操守和人格品位；对官吏们则要正法则，使事务的处理都能遵循法度，有法必依；对庶民百姓则是要政治均平。只有这样，朝廷上下才能同频共振，官吏才能处事公道，百姓才能团结一致。这样，国家就能强大无敌。

第三，"隆礼义"与"正法则"并行。

虽然在"王者之法"的实施过程中，礼义与法度各有主要的作用范围和对象，但这种划分不是绝对的。对于士大夫应该以礼义来高要求，但如果他们违法，也同样要受到刑罚的惩处。对于官吏和百姓，除了主要以法度来约束，也要对其进行礼义的教化，提升他们的人格修养。

在荀子思想中，法度是国家的基础性设计，没有法度去统一和规范人们的行为，国家无法建立秩序，富强只能是一句空话。然而，只靠法律给社会带来秩序，不一定能实现社会的和谐。礼仪教化作为王道政治的特征，是人们"化性起伪"的过程，它是国家实现从霸道到王道飞跃的关键。

荀子就是这样进行了礼法制度的理论设计。

荀子反复说："隆礼尊贤而王，重法爱民而霸，好利多诈而危，权谋倾覆幽险而亡。"从这句话的价值导向看，荀子仍然坚守、倾向于儒家的礼教传统，同时也不否定法家重法能实现称霸天下的目标。但他也预言了单纯走法家道路的危险和必然结局。此后，大秦帝国的历史命运正印证了荀子的观点。而在荀子过世近百年后，汉代既承秦制，又尊儒术的选择，正从实践上选择了荀子的理论构想。荀子的思想远远走在了时代的前列。

那么，汉代是如何遵循荀子理论构想选择实行"礼法"制度，最终实现了国家的相对长治久安呢？又是如何为后世中国的政治模式基本定型的呢？

第十七章

双管齐下

在全社会都对礼治失去信心而法家大行其道的战国时代，儒家大师荀子却摒弃儒法之争，既坚守和发展儒家的礼教思想，又肯定了法家的威力。同时，他也认识到了两者各自的局限性，创造性地将"礼"与"法"结合起来，从理论上构建了"礼法"制度，使礼义因法度而得以落实，也使法度因礼义的导向而趋向良法，为一百多年后的"汉承秦制"和"独尊儒术"，以及此后中国两千余年相对稳定的治理模式的形成，做出了重要的思想理论贡献。

那么，汉代在现实的社会治理中又是如何走上了荀子所构想的治理之道，选择了"礼""法"并举，使"礼法"制度从设想变成现实的呢？

一、汉初的矫正与反思

秦末风起云涌的农民起义促使大秦帝国迅速崩溃，给代之而起的西汉王朝的缔造者上了生动的一课，引起了他们高度的警醒和深刻的反思。

实际上，这种警醒与反思从刘邦作为起义军领袖带兵进入秦都城咸阳的那一刻就开始显现了。《史记·高祖本纪》记载，刘邦来到咸阳后，召集各县的父老豪杰，对他们说："父老苦秦苛法久矣……与父老约，法三章耳：杀人者死，伤人及盗抵罪。馀悉除去秦法。"意思说："父老们受暴秦的繁刑苛法之苦已经很久了。……（今天）我和父老们订立盟约，只定三条（章）：杀人的处死，伤人和盗抢财物的，按情节轻重抵罪。其余的秦朝法律一律废除。"这就是成语"约法三章"的来历。刘邦与民"约法三章"，据说秦人大喜，都争相带着牛羊酒食来犒劳刘邦的军队。刘邦集团把民众从秦帝国的繁刑苛法中解脱出来，一下子就赢得了民心。

随着秦朝的灭亡，人们对法家又几乎彻底失望了。这时，过去被法家统治者全面打压的先秦诸子思想，又被想起。人们似乎又重新发现了诸子百家的风采。

当然，在饱受秦法磨难的人们看来，道家的无为而治和儒家的温和中庸更为受用。

汉初思想家陆贾就经常在刘邦面前引用儒家推崇的《诗经》《尚书》等经典来讲道理。但是刘邦讨厌儒生的迂腐，对着陆贾开骂说："我是马上得到的天下，要诗书何用？"陆贾反驳说："马上得到天下，难道能在马上治理吗？"接着，陆贾引用历史来说明仁义的重要性。他说："商汤、周武王都是文武并用才国运长久；而吴王夫差等人穷兵黩武，所以迅速灭亡了；秦朝就是一味严刑峻法，终致亡国的。"刘邦听了受到触动，就命令陆贾著书，论述秦亡汉兴、天下得失的道理。陆贾于是写了《新语》十二篇，刘邦大为赞赏。

陆贾在《新语》第四篇"无为"中精彩地反思了秦亡的原因。他说："事逾烦，天下逾乱，法逾滋而奸逾炽，兵马益设而敌人逾多。秦非不欲为治，然失之者，乃举措暴众，用刑太极故也。"陆贾认为，秦帝国不是不想长治久安，它的失败就是因为举措太多、刑罚太过了。

汉文帝的"文胆"贾谊更是追根溯源。他说："商鞅变法废除了礼教，抛弃了仁爱和恩义，把人们的思想都引导和集中到急功近利，使秦国失去了好的礼教传统。仁义礼智泯灭了，君臣都不按礼数行事，统治者自己的六亲也被殃及和杀戮，天下百姓与统治者离心离德而反叛，社稷因此而虚空了。"他还说："赵高教胡亥用刑狱之法来统治，一登上皇位就开始杀人。他视杀人如割草，把整个天下都置于繁刑苛法之中，对天下一点仁德也没有，只有恶毒充盈于世，人民恨之如仇寇。"

物极必反。在对秦政的反思中，汉初饱受秦法之苦的人们似乎特别喜爱道家的宽和无为，于是有了"黄老之学"的盛行。

"黄老之学"是道家的一个分支，主张"约法省禁"，即简约法律，少一些禁令。这样的治理思想在百废待兴的汉初是非常合适的，有利于人民休养生息，有利于社会恢复元气。

同时，西周270余年相对安稳的"王道"礼治与秦帝国15年短暂的"霸道"法治形成了鲜明的对比，这也不能不引起汉朝缔造者的思考。

反思带来的是行政治理上的矫正。汉初采取了一种郡国并行的制度，就是将秦的郡县制与西周的分封制结合起来，分封了一部分诸侯王。刘邦在世的时候，只允许封刘姓诸侯；刘邦死后，吕后专权，又封了一部分吕姓诸侯。

然而，黄老学派的主张和半复辟性质的郡国并行终非长治久安之策。当最高统治者和中央统治集团散淡无为的时候，权力和财富的空间就让渡给了诸侯乃至民间豪强，从而导致皇帝和朝廷权威丧失，豪强富而国库穷。长此以往，皇帝与诸侯王之间的权力之争和朝廷与豪强之间的财富之争便愈演愈烈，终于在汉景帝时期爆发了"七国之乱"。

可见，黄老之学难以应付日益复杂的社会状况。所以，黄老学派在汉初时髦一阵之后，又重归山林了。然而，道家的归隐却给儒家的登场做好了铺垫。

反复的思辨和矫正之后，汉代统治者最终选择了儒家思想，选择了百年前荀子提出的"礼法"制度，找到了最适合官僚帝制时代中国国情的治理模式。

二、礼法并举

物极必反、过犹不及的教训，终于使汉朝人深刻认识到了儒家"中庸"之道的伟大。

董仲舒正是应此时势而出的人物。儒家也在这时遇到了政治知音，那就是雄才大略的汉武帝。当汉武帝问策古今治国之道的时候，董仲舒毅然将儒学推举到至尊的地位。当然，人们转变认识的过程也并不是一帆风顺的。

汉武帝登基后，不满于大权旁落、"民富"国穷，以及对外特别是对匈奴委曲求全的局面。他想推行新政，有所作为，但是他的奶奶窦太后不干。笃信黄老之学的窦太后暗中对推行新政的御史大夫赵绾和郎中令王臧下手，把他们下狱，这两个人因为不堪受辱而自杀了。丞相窦婴和太尉田蚡也被免了职。窦太后任命随她尊奉黄老之学的人当了丞相和御史大夫。汉武帝想推行的新政，刚要起步就夭折了。天生的政治家汉武帝只能先隐忍蛰伏下来。

直到建元六年（公元前135年）窦太后死了，汉武帝才"卓然罢黜百家，表章六经"。儒家思想自此成为"道统"或者说是官方意识形态。

儒家能最终从百家中脱颖而出，从一家之言变为国家的制度性文化，这不是偶然。一种思想文化要成为制度文化，必然是各方社会力量博弈和妥协的结果。儒家的成功，根本上还是它适应了社会发展的现实需要，满足了社会各方面的诉求。

首先，儒家根植于中国传统的血缘亲情社会，它接着"地气"。它从血缘亲情社会中抽取出两个重要的概念，那就是"家"和"孝"，一下子就在老百姓心里扎下了根。然后它逻辑地将"家"放大到"国"，形成家国一统的观念；又将"孝"上升到"忠"，形成了忠孝一体的逻辑。老百姓自然接受了它。

其次，儒家强调"君君臣臣，父父子子"的伦理秩序，这对于统治者建立高度集权的"家天下"给予了重要的思想理论支撑。所以皇帝喜欢它。

再次，儒家由大学问家孔子奠定基础，后续又有孟子、荀子等一大批大师和学人不断坚守与拓新，形成了深邃的思想体系，还形成了独特的教育传统。因此，它被众多的知识分子所推崇。

百姓接受，皇帝喜欢，知识分子推崇，所以儒家最终从百家中胜出而且得以独尊，绝对不是历史的偶然。

还有很重要的一点，就是早期儒家的开放发展使得儒家始终充满了生机。儒家既坚守传统礼教的"礼义"精髓，又主张积极进取，改造社会和世道人心。特别是荀子，他摒弃儒法之争，将礼治之魂与法治之形有机结合，提出礼法制度，使儒家思想终于从百家中脱颖而出，由一家之言变成了王朝的思想和制度文化。传统的"礼治"终于以崭新的面貌回归了。

汉代的儒家既看到了秦王朝在意识形态领域的缺陷，也注意到秦制的价值。他们摒弃了矫枉过正的变革手段，对秦王朝所遗留的"法治"采取了"中庸"的变革方式，在反对秦政的同时，却保留了秦制。《汉书·刑法志》就记载："汉兴，高祖初入关，约法三章……其后四夷未附，兵革未息，三章之法不足以御奸，于是相国萧何捃摭秦法，取其宜于时者，作律九章。"也就是说，早在汉高祖时期，先前的"约法三章"很快就不够用了。相国萧何便承袭秦的法律制度，摘取其中适宜的，制定了九章汉律，史称"汉承秦制"。

汉宣帝时代，著名的司法官路温舒就上疏说："秦有十失，其一尚存，治狱之吏是也。"意思说，秦即便有十方面的失策，也有一个方面今天仍然存在和有价值，那就是掌管刑狱的吏治。

但是汉朝的礼治显然不是简单承袭西周的礼治，它最终消化和废除了分封，减省和扬弃了大量的礼仪形式，而主要承袭和巩固了礼治的精髓，也就是"礼义"，包括忠孝仁义等道德观念和三纲五常等伦理秩序。汉朝的法治也不是简单承袭秦的法治，而是将礼义介入立法和施法过程，使法律向有灵魂的良法迈进，并且比秦法有所减省，"取其宜于时者"。

因此，汉代的治理既不同于西周，也不同于秦，而是既改造承袭了西周的礼教传统，又改造承袭了秦的法治，并将二者合而为一，成为荀子所提倡的"礼法"制度。所以，汉宣帝总结汉代的治国之道是"霸、王道杂之"，即用儒家提倡的王道礼治来统治人们的思想，用秦王朝创立的霸道法治来约束人们的言行。

西汉就这样经过 70 余年的反复探索，最终形成了礼法并举的局面。礼法制度由此成为官僚帝制时代中国社会的治理模式。

那么这一治理模式对后世中国有着怎样深远的影响呢？

三、双管齐下

从汉代确立"礼法"制度直到清末，中国社会的治理模式基本没有大的改变。不过是在治世的时候，统治更倾向于礼；而乱世的时候，统治更倾向于法。社会治理在礼与法之间有所摇摆。但礼法再没有分离，始终是双管齐下。

此后的历朝历代，都可以称为"礼法"中国。

礼法制度中的"国法"，并不是简单地执行法律条款，而要礼法并施，有时候甚至以情来施法。因此，中国古代的民事纠纷的解决多数以调解为主。官吏被称为百姓的"父母官"，调节民事纠纷常常教之以礼，化之以情，施法过程中有很浓的温情。

东魏的时候，有个叫苏琼的太守，他治下有兄弟二人为争夺田产对簿公堂。为双方上庭作证的人多到百人。苏琼把兄弟俩和证人们都召到公堂上，对大家语重心长地说："天下难得者兄弟，易求者田地。假令得地，失兄弟心，如何？"大家都心有所感，兄弟二人当即叩头，要求撤诉。而且在分家十年后，兄弟俩又搬到一处住下，依然一家了。

这种"以和为贵"的礼教传统，深深影响了中国古代的施法。直到今天，我们施法中还有庭外调解，这在强调法治的西方是很难理解的，但在中国就是可行。

当然，礼法制度下，礼绝不能完全地代替法，法已然成为社会管理的硬性制度。而且汉代以后，"礼不下庶人，刑不上大夫"的旧有礼教传统已经不复存在。尽管在实际中以权压法、徇私舞弊的情况依然存在，但"王子犯法与民同罪"的观念和对法的公平性追求已经深入人心。在社会动荡或衰落的时候，还产生过很多非常厉害的法家人物，如三国时期的曹操和诸葛亮、宋代的王安石等，他们都不断坚持和完善着法治。

礼法社会中的"家规"也以礼义作为主导。比如宋代清官包拯的家训就说："后世子孙仕宦，有犯赃者，不得放归本家，死不得葬大茔中。不从吾志，非吾子孙也。"后来包拯的儿子包绶、孙子包永年都是著名的清官。

礼法制度中的礼的威力，还在于它不仅约束人，也成就人，其终极的价值导向就是"成仁"。它给社会各阶层的人都提供了精神提升和价值实现的通道和空间。一个人如果恪守礼教，即便是一介平民也能成仁，他的精神高度和社会认可也能不逊于达官贵人，甚至在史册中也能占据一席之地，成为世人的楷模。

《魏书·孝感传》记述了一批孝子的事迹之后，就感叹说：那些孝子们，有的出生于公卿之家，是受诗书礼教培养的结果；有的出生于贫寒人家，并不是诗书礼仪教化出来的。但是他们虔诚尽孝的行为，都一样达到了仁的境界。可以说，为人子者无论身份贵贱，只要尽孝就可"成仁"。

《隋书·烈女传》写了民间烈女的事迹，认为平民之女、布衣之妻，只要有大义和忠贞，就胜过穿锦衣、吃珍馐、住金屋、乘玉辇的贵族女子。

在礼法社会里，人们心目中一个平凡的孝子、义士、烈女，比声名显赫或权倾朝野的贪官、奸臣活得更有价值，更值得人们尊敬。

孝子、义士、烈女们不仅受到一般百姓的敬佩，甚至能感动盗贼。后汉有个叫彭修的人，他15岁的时候，有一次跟父亲一起被盗贼拦路抢劫。彭修看到父亲身处危险，就奋不顾身地冲上去抓住贼首，高声喊叫说："父辱子死，卿不顾死邪？"就是说："父亲受到屈辱，做儿子的应当拼命，你们不怕死吗？！"盗贼们看到这孩子这么说，心理上受到震撼，感慨说："这孩子是个忠义的孩子，不应该逼他。"就向他们父子赔罪后离去了。

北朝的时期，有个著名的孝子名叫华秋。当时天下大乱，盗贼蜂起，但他家的住所却从来没受过侵扰。乡邻们都把华秋的家当成避难所。每次盗贼们从他家路过，都相互告诫说："不要侵犯孝子的乡里啊。"

所以礼法制度的礼义，对各阶层的人都起到了很好的教化和约束作用。

礼与法双管齐下，在社会治理中覆盖和打通了柔性潜在的思想情感和刚性显性的言论行为，无疑是中国古人找到的一种高妙的管理制度和治理模式。它植根于人性和社会伦理秩序，着眼于对人性的教化和对社会伦理秩序的规范，特别适合于官僚帝制时代的中国。

"礼法"制度使得中国社会形成了一种超级稳态，确保和促进了中华民族的绵延发展。但同时，它也在一定程度上束缚了社会的活力，特别是后期束缚了物质文明的进步与思想的开化。尽管如此，其中很多内在的合理性和智慧，对于今天的中国乃至于全人类，都有重要的借鉴意义。

尾声

"国之大事，在祀与戎。"（《左传·成公十三年》）很多学者都认为，中国古代的祭祀产生了"礼"，军事产生了"法"。后来，礼与法成了国家治理的抓手。

我们从西周及其礼制的建立讲起，最初的礼制包含了以刑罚形式存在于其中的法。那时，礼法一体，礼是主体，法不过是保障礼的底线措施。随着社会的发展变化，到西周后期，统治者不断增加法的内容以维护日益失去制约能力的礼。到春秋时期，礼崩乐坏，法被凸显出来。公元前536年，郑国执政大夫子产下令把刑书铸在鼎上，放在王宫门口，让百姓都能够看到。这是中国历史上第一次公布成文法。此后，郑国大夫邓析又将子产所铸的《刑书》修改刻写在竹简上，称为竹刑，成为法典，使法的传播更为广泛。原来秘而不宣、隐没在礼制之中的法，终于被公之于世了。

到了战国，天下大乱，礼制已经完全失效，人们对礼制也失去了信心。法作为更加硬性和可操作的治理手段，从思想到制度都凸显出来，体系化自成一家了。法家思想成为一时主流，各国纷纷在法家思想主导下变法图强。最终，变法最彻底的秦国迅速富强，一统天下。

但是单纯依靠法治的秦帝国二世而亡，代之而起的汉经过反复实践探索，最终选择了早在战国末期就被荀子研究提出的"礼法"制度。

至此，我们讲了从西周礼中含法，到春秋战国礼法分立，再到西汉礼法再合的一个轮回过程，大致讲述了中国礼法制度的起源与形成。但是，汉代的礼法合一制度绝不是西周礼法一体的礼制的简单复辟，而是经历了近千年历史沧桑和一代代思想家、政治家们的深入思考和选择才发展形成的礼法制度，有着深厚的历史与哲学根基，适合于社会发展需要而又切实可行。

中国终于完成了思想文化的选择，从诸子百家中最终选定了儒家和道家。儒家成为官方思想和社会主流意识形态，成了道统。道家虽然相对退隐，但它的哲学思想为法家所接受，法家通过"君无为，而法无不为"的路径，将道家思想落实到法治之中。"法治"成为政统。因此，如果说秦实现了天下统一，给历史中国塑了形，那么汉则定型了中国文化，完成了历史中国的塑魂。从此以后直到清末，吾国吾民的思想文化再没有大的改变。或许正因为如此，直到今天，那个被秦统汉治塑形塑魂的民族被称为汉族，其人民被称为汉人，其语言文字被称为汉语、汉字，其文化被称为汉文化。之所以用"汉"而没有用其他的朝代命名，我想很可能就是因为汉代完成了文化的选择，或者说文化在汉代成熟和定型。

礼法制度是源远流长、博大精深的中国文化的产物，也是其中重要的一部分。